예비

처음
만나는
수능독해

매일

3 단계로
훈련하는

영어 수능
독해

Step 0
유형 소개 및 유형 해결 전략

유형 소개

자세한 수능 유형 소개와
유형 해결 전략을 통해
처음 만나는 수능 독해의
기본을 쌓아 보세요.

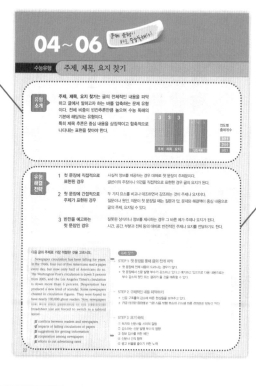

기출문제 유형 분석

유형 해결 전략이 기출문제에
어떻게 적용되는지
Step별로 확인하세요.

Step 1
실전처럼 수능 기출문제 풀기

제한시간에 맞게 문제 풀기

실제 기출 수능 및 학력평가 문제를
제한된 시간에 따라 실전처럼 풀어 볼 수 있어요.

제한시간 60초 에 문제를 풀고
Step 2에서 문장분석을 확인하세요.

04 요지 찾기

Step 1 진짜 **수능** 문제 풀어보기

If you walk into a room that smells of freshly baked bread, you quickly detect the rather pleasant smell. However, stay in the room for a few minutes, and the smell will seem to disappear. In fact, the only way to reawaken it is to walk out of the room and come back in again. The exact same concept applies to many areas of our lives, including happiness. Everyone has something to be happy about. Perhaps they have a loving partner, good health, a satisfying job, a roof over their heads, or enough food to eat. As time passes, however, they get used to what they have and, just like the smell of fresh bread, these wonderful assets disappear from their consciousness. As the old proverb goes, you never miss the water till the well runs dry.

학력평가 2017(9월)

Q 위 글에서 요지로 가장 적절한 것은?

① 새로움을 추구하는 삶이 가치 있다.
② 작은 행복이 모여서 큰 행복이 된다.
③ 즐거움은 어느 정도의 고통을 수반한다.
④ 익숙함이 소중한 것의 가치를 잊게 한다.
⑤ 결과보다 과정에 집중하는 삶이 행복하다.

정답 및 해설   앞서 푼 기출문제의 정답과 해설을 바로 확인하세요.

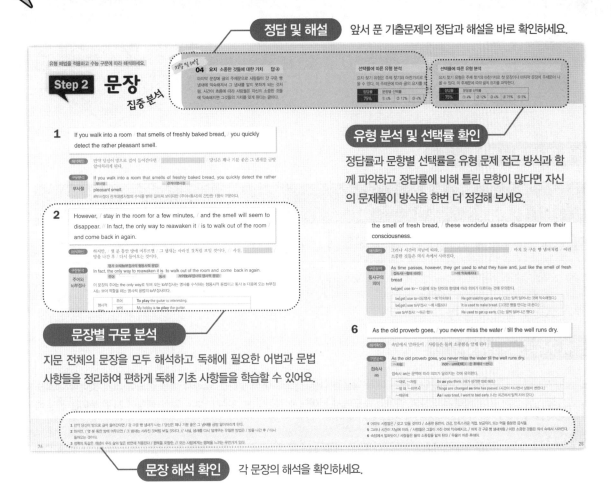

유형 분석 및 선택률 확인

정답률과 문항별 선택률을 유형 문제 접근 방식과 함께 파악하고 정답률에 비해 틀린 문항이 많다면 자신의 문제풀이 방식을 한번 더 점검해 보세요.

문장별 구문 분석

지문 전체의 문장을 모두 해석하고 독해에 필요한 어법과 문법 사항들을 정리하여 편하게 독해 기초 사항들을 학습할 수 있어요.

문장 해석 확인   각 문장의 해석을 확인하세요.

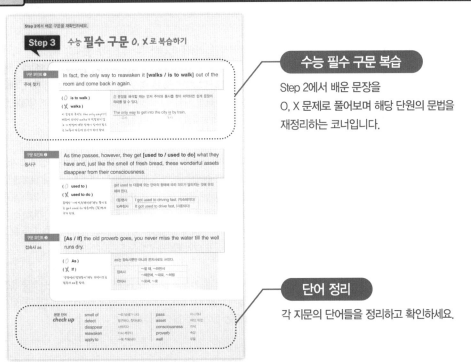

수능 필수 구문 복습

Step 2에서 배운 문장을
O, X 문제로 풀어보며 해당 단원의 문법을
재정리하는 코너입니다.

단어 정리

각 지문의 단어들을 정리하고 확인하세요.

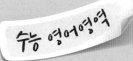

처음 만나는 수능독해

예비 매3영 수능 영어영역

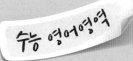

수능 영어영역 구성 소개

출제범위	문항수			시험시간	총점	배점
	총문항	듣기	읽기			
영어 I , II	45문항	17문항	28문항	70분(듣기 25분 이내)	100점	2,3점

문제 구성과 유형 소개 ❶

수능 듣기·말하기 17문항

17문항 25분. 일상적인 대화 내용을 다룬 것으로 어휘 수준은 교과서 내용 정도를 크게 벗어나지 않는다. 따라서 대화의 길이와 속도에서 난이도가 결정되는 경우가 많다. 일상 생활에 자주 쓰이는 관용적인 표현을 기억하고 있는 것이 좋다.

구분	문항유형	문항수
대의 파악	주제, 요지, 주장, 의견, 관계, 심정	3문항
세부사항	내용 (불)일치, 한 일, 숫자 정보, 육하원칙 세부사항	7문항
간접 말하기	짧은 대화 응답, 대화 응답, 담화 응답	5문항
복합 문제	1담화 2문항	2문항

☑ **대의 파악 유형**
대화/담화를 듣고 전체적인 내용을 이해하거나 추론하는 능력을 평가하는 대의 파악 문항으로 대화나 담화의 세부적인 내용보다는 화자가 반복해 강조하는 내용이 무엇인지, 어떤 방식을 통해 말하고자 하는 바를 전개하는지 파악하면 좋다. 대화나 담화에서 제시되는 정보에 대한 사실적 이해를 바탕으로 직접적으로 제시되지 않는 사항을 논리적으로 추론해보는 연습도 도움이 된다.

☑ **세부사항 유형**
대화/담화를 듣고 핵심적인 내용과 전개 방식에 비추어 제시된 특정 정보를 가급적 정확하고 신속하게 파악할 수 있는 능력을 측정하는 문항이다. 대화나 담화를 들으며 상황 및 전반적인 맥락과 관련해 제시되는 세부 정보가 무엇인지 유의해야 하는 유형이다. 직접적으로 제시된 정보를 구체적인 사항에 초점을 맞춰 정확하게 파악하는 연습이 필요하다. 일상 생활을 포함한 다양한 소재의 듣기 자료를 자주 들으면서 정보를 신속하고 정확하게 파악해보는 연습도 도움이 된다.

☑ **간접 말하기 유형**
듣기 자료를 통해 이해한 바를 가상의 말하기 상황에 적용할 수 있는 능력을 측정하기 위한 문항이다. 실제 생활에서 흔히 발생하는 대화가 제시되므로 다양한 의사소통 상황을 포함하고 있는 듣기 자료를 자주 들어야 한다.

문제 구성과 유형 소개 ❷

수능
읽기·쓰기
28문항

28문항 45분. 대부분의 문제는 120~150단어 정도로 구성된 지문이고, 후반부 장문은 200단어 이상이다.

구분	문항유형	문항수
대의 파악	주제, 요지, 제목, 주장, 심경, 목적	6문항
문법, 어휘	어법, 어휘, 지칭	3문항
세부사항	내용 (불)일치, 도표 (불)일치, 실용문 (불)일치	4문항
맥락 파악	빈칸 추론(단어 / 구 / 문장), 함축적 의미 추론	5문항
간접 쓰기	무관한 문장, 글의 순서, 주어진 문장, 요약문	5문항
복합 문단	1지문 2문항, 1지문 3문항	5문항

☑ 대의 파악 유형

대의 파악 유형은 글을 읽고 전체적인 내용을 이해/추론하는 능력을 측정하기 위해 출제된다. 목적/주장/시사점, 주제/요지/제목, 심경, 주장/의견 추론 등이 여기에 해당된다.

☑ 문법/어휘 유형

문법/어휘 유형은 문단의 전체적인 의미나 문장 간의 의미적 관련성을 고려해 문법성을 판단할 수 있는 능력이 있는지, 문맥에 알맞은 어휘를 사용할 수 있는지 등을 측정하기 위해 출제된다.

☑ 세부사항 유형

구체적인 사항에 초점을 맞춰 글의 내용을 이해하고 직접적으로 제시된 정보를 사실적 이해에 근거해 정확하게 파악하는 연습이 필요하다. 평소 광고문, 안내문 등의 실용문을 포함한 다양한 읽기 자료를 자주 접하고 글의 특성에 따른 정보 제시 방식을 고려해 내용을 파악하는 연습을 하는 것이 효과적이다.

☑ 맥락 파악 유형

빈칸이나 밑줄 친 내용은 글의 주제나 요지와 관계가 있거나 주요 세부 사항과 관련된 것이다. 사실적 이해를 바탕으로 직접적으로 명시되지 않은 사항을 논리적으로 추론함으로써 빈칸에 들어갈 적절한 단어, 구, 절, 문장을 파악하고 함축적 표현의 의미를 주제와 연관 지어 파악하는 연습이 필요하다.

☑ 간접 쓰기 유형

간접 쓰기 유형은 글의 전체적인 맥락과 문장과 문장 간의 논리적 흐름을 파악하여 글쓰기에 적용할 수 있는 능력을 측정하기 위해 출제된다. 문제는 무관한 문장 찾기, 글의 순서 배열, 주어진 문장 삽입, 요약문 완성 등의 형태로 출제된다.

Contents

처음 만나는
수능 독해
예비 매 3 영

UNIT
1

---------------- 처음 만나는 수능 유형 ----------------

01~03

수능 유형	수능 어법
	문장 형식
01 심경 찾기	• 1형식, 2형식
02 주장 찾기 1	• 3형식, 4형식
03 주장 찾기 2	• 5형식

01~03

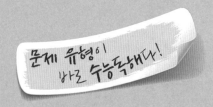

유형 소개

주장 찾기 유형은 매년 한 문제씩 꾸준히 출제되고 있으며 선택지가 한글로 되어 있어 문제풀이가 어렵지 않다.
심경 찾기는 심정, 분위기 파악 등으로 다양하게 출제되어 왔다. 최근에는 심경 변화 유형이 주로 출제되고 있다.

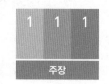

연도별 출제개수
2019
2020
2021

유형 해결 전략

1 주제가 드러난 문장 찾기

주장 찾기는 필자의 견해가 드러나는 주제문을 찾아야 하는데, 주제문은 대개 강한 어조를 띠는 명령문 또는 찬성, 반대의 표현 등으로 나타낸다.
주제 또는 주장하는 바를 뒷받침하는 구체적인 예시나 내용을 통해서도 알 수 있다.

2 심정, 심경 변화, 분위기 파악은 모두 같은 유형

제시된 상황에 대한 감정 또는 감정의 변화, 글의 분위기 등이 이 유형들의 주된 물음이기 때문이다.
따라서 심경이나 분위기를 나타내는 표현에 주목한다.

다음 글에서 필자가 주장하는 바로 가장 적절한 것은?

Most people don't assess their roles frequently enough and so stay in positions for years longer than they should, settling for suboptimal situations. There isn't a magic number for the amount of time you should stay in one role before evaluating whether it's right or not. But it makes sense to think about how often you do. Some people read just their lives daily or weekly, constantly optimizing. Others wait years before noticing that they've ended up far from where they had hoped to be. The more frequently you assess your situation, looking for ways to fix problems, the more likely you are to find yourself in a position where things are going well.

① 실패에 대비하여 차선책을 마련해라.
② 구체적인 계획을 세워 시행착오를 줄여라.
③ 문제 해결을 위해 일의 우선순위를 정해라.
④ 업무능력 향상을 위해 충분한 휴식을 취해라.
⑤ 자신의 상황을 자주 평가하고 삶을 재조정해라.

주장 찾기

STEP 1 주제문 찾기
● 첫 문장에 필자의 주장이 자주 나오기 때문에 주의해서 읽어야 한다.
● 첫 문장에서 대부분의 사람들이 자신의 역할을 자주 평가하지 않으며 안주하고 있다는 비판적인 주장을 먼저 제시하고 있다.

STEP 2 직접적인 주장
● 이 글에서처럼 마지막 문장에서 주제나 필자의 주장이 더 구체적으로 나타나는 경우가 많다.
● 결국 문제를 해결하면서 자신의 상황을 자주 평가할수록 일들이 잘 진행된다고 말하고 있다.

STEP 3 보기 활용
본문에 ③번의 '문제 해결을 위해(to fix problems)'가 나와서 헷갈릴 수 있지만 이 글은 자신을 자주 '평가해야' 할 필요성을 주장하는 글이므로 정답은 ⑤이다.

Step 1 진짜 **수능** 문제 풀어보기

When the vote was announced, my brain just would not work out the right percentages to discover whether we had the necessary two-thirds majority. Then one of the technicians turned to me with a big smile on his face and said, "You've got it!" At that moment, the cameras outside took over and out there in the yard there was a scene of joy almost beyond belief. Then the cameras came back to those of us who were in the studio. I managed to overcome my urge to burst into tears, and expressed my joy and delight that after all these years this had happened and my thanks to my daughters and my family who had shared in the struggle so long.

● 학력평가 2017(9월)

Q 위 글에 드러난 'I'의 심경으로 가장 적절한 것은?

① discouraged and sorrowful

② overjoyed and thrilled

③ bored and indifferent

④ jealous and furious

⑤ calm and peaceful

01 심경 투표 결과 발표 답 ②

먼저 주인공의 심경을 느낄 수 있는 표현을 찾아본다. 처음에는 다소 긴장한 상황이지만 이후에 joy, delight 등의 표현을 통해 화자의 행복한 심정을 알 수 있다.

---

1 When the vote was announced, / my brain just would not work out the right percentages / to discover whether we had the necessary two-thirds majority.

해석확인 투표수가 발표되었을 때, / 내 머리가 ▨▨▨▨▨▨▨ / 우리가 필요한 3분의 2의 득표수를 얻게 되었는지를 알아내는 데.

구문분석

3형식 문장

When the vote was announced, my brain just would not work out the right percentages
　　　수동태(주어+be+p.p.)　　　　　　　　　　　　　　　동사　　　　목적어

work out은 1형식일 때는 '작동하다, 해결되다'의 의미이고 3형식일 때는 '~을 계산하다, 풀다' 등의 의미로 쓰인다.

---

2 Then one of the technicians turned to me / with a big smile on his face / and said, "You've got it!"

해석확인 그때, 기술자 중에 한 명이 ▨▨▨▨▨ / 그의 얼굴에 큰 웃음을 머금은 채, / "당신이 해냈어요!"라고 말했다.

구문분석

1형식 문장

Then one of the technicians turned to me with a big smile on his face (1형식)
　　　　　　　　　　　　　동사　　　　전치사구

turn, stay, leave, drive 등은 모두 〈주어+동사〉로 이루어진 1형식 문장의 동사들이다.

1형식 문장	주어+동사	He drives.
	주어+동사+부사	He drives fast.
	주어+부사+동사+전치사구	He usually drives with his dog.

---

3 At that moment, / the cameras outside took over / and out there in the yard there was a scene of joy / almost beyond belief.

해석확인 그 순간, / 밖에 있던 카메라가 이어받았고, / 바깥뜰에는 ▨▨▨▨▨ / 거의 믿을 수 없을 정도의.

구문분석

1형식 문장

the cameras outside took over and out there in the yard there was a scene of joy
　　주어　　　　　　동사(이어받다)　　　　　　　　　　　~이 있다　　주어

1형식의 짧은 문장이지만 부사구가 길게 연결되어 있기 때문에 유의하여 해석한다. 그리고 there was~ 구문은 주어의 수에 따라 there is[was] / there are[were]로 쓴다는 것에 주의한다.

---

1 투표수가 발표되었을 때, / 내 머리가 정확한 비율을 계산하지 못했다 / 우리가 필요한 3분의 2의 득표수를 얻게 되었는지를 알아내는 데.
2 그때, 기술자 중에 한 명이 나에게 몸을 돌렸고 / 그의 얼굴에 큰 웃음을 머금은 채, "당신이 해냈어요"라고 말했다.
3 그 순간, / 밖에 있던 카메라가 이어받았고, / 바깥뜰에는 기쁨의 장면이 있었다 / 거의 믿을 수 없을 정도의.

지시문 해석

① 의기소침하고 슬픈
② 매우 기쁘고 전율이 생기는
③ 지루하고 무관심한
④ 질투가 나고 화가 나는
⑤ 차분하고 평화로운

유형 분석 및 선택률 확인

주인공의 심경을 느낄 수 있는 표현에 유의하고 어떻게 상황이 변화하는지도 주의해서 본다.

정답률	문항별 선택률				
70%	① 7%	② 70%	③ 5%	④ 7%	⑤ 11%

4

Then the cameras came back to those of us / who were in the studio.

해석확인 그러고 나서, 그 카메라가 우리들에게 돌아왔다 / ▨▨▨▨▨▨▨▨.

구문분석

**관계
대명사절**

Then the cameras came back to those of us who were in the studio.
관계대명사절

관계대명사가 두 문장을 연결하면서 뒤 문장의 목적어를 대신하면 목적격 관계대명사이며 생략이 가능하다.
I have a dog. + John gave it to me. → I have a dog [that / which] John gave to me.
목적어

	주격 관계대명사	목적격 관계대명사	소유격 관계대명사
사람	a girl **who** loves books	a girl **who** I met	a girl **whose** books look old
사물	a book **which** changed my life	a book **which** I like most	a book **whose** title I can't remember

5

I managed to overcome my urge to burst into tears, / and expressed my joy and delight that after all these years this had happened / and my thanks to my daughters and my family / who had shared in the struggle so long.

해석확인 나는 ▨▨▨▨▨▨▨▨▨ 가까스로 참았고, / 이 모든 몇 년간의 시간이 지난 후 이 일이 일어난 것에 대한 기쁨과 즐거움을 표현했다 / 그리고 내 딸들과 가족에게 감사를 (표현했다) / 오랫동안 어려움 속에서 함께 한.

구문분석

**3형식
목적어 형태**

병렬구조
I managed to overcome my urge to burst into tears, and expressed my joy and delight ~ and
간신히~하다   expressed의 목적어 연결
my thanks to my daughters and my family who had shared

manage, express는 '간신히 ~을 하다', ~을 표현하다'라는 의미의 3형식 문장으로 manage는 to부정사를, express에는 명사구가 목적어로 각각 왔다.

**3형식
동사**

manage, express는 '간신히 ~을 하다', ~을 표현하다'와 같이 목적어 의미가 확실하지만 reach, attend처럼 '~에 도착하다', '~에 참석하다'라는 의미 때문에 1형식처럼 reach [attend] in, at으로 쓰지 않도록 한다.

주의해야 할 3형식 동사	address(~에게 말하다)	approach(~에 접근하다)	reach(~에 도착하다)
	survive(~보다 오래 살다)	enter(~에 들어가다)	marry(~와 결혼하다)
	attend(~에 참석하다)	obey(~에 복종하다)	cost(~에게 지불하다)
	contact(~에게 연락하다)	inhabit(~에 살다)	discuss(~에 대해 토론하다)

4 그러고 나서, 그 카메라가 우리들에게 돌아왔다 / 스튜디오에 있는.
5 나는 눈물이 터져 나오는 충동을 가까스로 참았고, / 이 모든 몇 년간의 시간이 지난 후 이 일이 일어난 것에 대한 기쁨과 즐거움을 표현했다 / 그리고 내 딸들과 가족에게 감사를 (표현했다) / 오랫동안 어려움 속에서 함께 한.

Step 3 수능 **필수 구문** 0, X 로 복습하기

구문 포인트 ❶

1, 3형식
문장

When the vote was announced, my brain just would not **[work / work out]** the right percentages to discover whether we had the necessary two-thirds majority.

(〇 work out)

(X work)

work은 '일하다, 다루다'의 의미이지만 여기서는 '계산하다'라는 3형식, 동사가 필요하기 때문에 work out을 쓴다.

1형식 동사와 3형식 동사, 곧 자동사와 타동사 의미를 구별할 수 있어야 한다.

1형식: I agree with you. (~에 동의하다)
3형식: I agree that it's too small. (~을 인정하다)

구문 포인트 ❷

there was
구문

At that moment, the cameras outside took over and out there in the yard **[there was / there were]** a scene of joy almost beyond belief.

(〇 there was)

(X there were)

주어가 a scene으로 단수이기 때문에 there was를 쓴다.

there is/are~는 뒤에 오는 주어에 수 일치시킨다.

There is a book on the desk. (단수)
There are books on the desk. (복수)

구문 포인트 ❸

3형식
목적어 형태

I managed **[overcome / to overcome]** my urge to burst into tears, and expressed my joy and delight that after all these years this had happened.

(〇 to overcome)

(X overcome)

manage의 목적어로 to부정사가 와서 '간신히 ~하다'는 의미이므로 to overcome을 쓴다.

to부정사를 목적어로 취하는 동사들로 want, hope, wish, need 등이 있다.

I want to see you soon.

동사 목적어

본문 단어
check up

announce	발표하다	overcome	극복하다
work out	계산하다	urge	충동
discover	알다, 발견하다	burst into	~이 터져 나오다
majority	다수, 득표 차	delight	기쁨
take over	이어받다	share	공유하다

Step 1 진짜 **수능** 문제 풀어보기

It is very important to help poor countries, but it's not simple. We should be giving money or food directly to the poor in emergencies like an earthquake or flood. In less emergent situations, however, providing food can make people dependent. If a developed country gives food to a poor country, its local farmers will find it difficult to produce food to sell. We need to help poor people to earn their own money, or to produce their own food. Just giving them money or food is not a good idea. We have to find a way to help them stand on their own two feet.

● 학력평가 2014(3월)

Q 위 글에서 필자가 주장하는 바로 가장 적절한 것은?

① 가난한 나라의 경제적 자립을 도와야 한다.

② 국가 간의 빈부 격차를 긴급히 해소해야 한다.

③ 수입 농산물에 대한 엄격한 검사를 실시해야 한다.

④ 자연재해에 대비한 긴급 구조 체계를 확립해야 한다.

⑤ 지역에서 생산된 농산물의 직거래를 활성화해야 한다.

02 주장 가난한 나라를 돕는 방법   답 ①

however 다음에 필자가 진짜로 주장하는 바가 나온다. however 이하에서 식량을 직접 제공하는 것은 사람들을 의존적으로 만들 수 있으므로 스스로 돈을 벌고 식량을 생산할 수 있도록 도와줘야 한다고 주장하고 있다.

1
> It is very important / to help poor countries, / but it's not simple.

해석확인   매우 중요하다 /   / 하지만 그것은 간단하지 않다.

구문분석

가주어 문장

It is very important to help poor countries, but it's not simple.
가주어   진주어(가난한 나라들을 돕는 것)   대명사 it

길어진 to부정사 대신 가주어 it을 쓴 문장으로, 진주어에 주의한다.

대명사 it: 앞서 나온 명사를 대신한다.	Look at a new car. It's cool. (a new car를 대신)
가주어 it: 길어진 주어를 대신한다.	It is easy to learn the guitar. (to learn ~ 진주어 대신)

2
> We should be giving money or food / directly to the poor in emergencies / like an earthquake or flood.

해석확인   우리는 돈이나 식량을 주어야 한다 /   / 지진이나 홍수와 같은.

구문분석

4형식의 3형식 전환

We should be giving money or food directly to the poor in emergencies (3형식)
      동사   목적어   전치사구

수여동사 give가 쓰였지만 〈give+직접목적어+to+간접목적어〉인 3형식으로 쓰였다.

3형식	He brought a bag to her. (그는 그녀에게 가방을 가져왔다.)
4형식	He brought her a bag. 동사+간접목적어+직접목적어
주요 동사	give send bring write buy make offer inform

3
> In less emergent situations, / however, / providing food can make people dependent.

해석확인   덜 긴급한 상황에서는 / 그러나 / 식량을 제공하는 것이   .

구문분석

5형식 문장

In less emergent situations, however, providing food can make people dependent.
                    주어   동사   목적어   목적보어

5형식 동사 make가 쓰인 문장으로, 동명사구가 주어이고 목적보어로 형용사 dependent가 쓰였다.

주요 동사: make keep find think leave let help want	He found the question difficult. (그는 그 문제가 어렵다는 것을 알았다.) 주어+동사+목적어+목적보어

---

1 매우 중요하다 / 가난한 나라를 돕는 것이 / 하지만 그것은 간단하지 않다.
2 우리는 돈이나 식량을 주어야 한다 / 긴급한 상황에 있는 가난한 사람들에게 직접 / 지진이나 홍수와 같은.
3 덜 긴급한 상황에서는 / 그러나 / 식량을 제공하는 것이 사람들을 의존적으로 만들 수 있다.

주장 찾기 유형은 글에서 말하고자 하는 바가 첫 문장에서 제시되는 경우가 많다.
하지만 이 글에서처럼 however가 나오면 뒤에 필자의 주장이 나오는 경우가 많기
때문에 주의해야 한다.

정답률	문항별 선택률				
89%	① 89%	② 2.4%	③ 3%	④ 3%	⑤ 2.6%

4 If a developed country gives food / to a poor country, / its local farmers will find it difficult / to produce food to sell.

해석확인 만일 선진국이 식량을 주면 / 가난한 나라에게 / 그 지역 농민들은 (그것이) 어렵다는 것을 알게 될 것이다 / ▨▨▨▨▨▨▨▨▨▨▨▨.

구문분석
**5형식
가목적어**

its local farmers will find **it** difficult to produce food to sell
　　　　　　　　동사+가목적어+목적보어　　　　　진목적어

〈동사+목적어+목적보어〉의 5형식 문장으로, 목적어가 길어져서 가목적어 it을 쓰고 to 이하의 목적어를 뒤에 썼다.

5 We need to help poor people / to earn their own money, / or to produce their own food.

해석확인 우리는 가난한 사람들을 도와야 한다 / 그들 스스로 돈을 벌도록 / 또는 ▨▨▨▨▨▨▨▨▨▨▨▨.

구문분석
**5형식
문장**

We need to help poor people to earn their own money, or to produce their own food.
　　　동사　　　목적어　　　　　　　　목적보어

〈help+목적어+목적보어〉의 5형식 문장이다. help의 경우 목적보어로 동사원형이나 to부정사가 온다.

6 Just giving them money or food / is not a good idea.
We have to find a way / to help them stand on their own two feet.

해석확인 단지 그들에게 돈이나 식량을 주는 것은 / 좋은 생각이 아니다.
▨▨▨▨▨▨▨▨▨▨▨▨▨▨▨ / 그들이 자립할 수 있도록 도울.

구문분석
**2, 3형식
문장**

Just giving them money or food / is not a good idea. (2형식)
　　　　　주어　　　　　　　　　　동사　　　보어

We have to find a way / to help them stand on their own two feet. (3형식)
주어　　동사　　목적어

4 만일 선진국이 식량을 주면 / 가난한 나라에게 / 그 지역 농민들은 (그것이) 어렵다는 것을 알게 될 것이다 / 판매할 식량을 생산하는 것이.
5 우리는 가난한 사람들을 도와야 한다 / 그들 스스로 돈을 벌도록 / 또는 자신들의 식량을 생산하도록.
6 단지 그들에게 돈이나 식량을 주는 것은 / 좋은 생각이 아니다. // 우리는 방법을 찾아야 한다 / 그들이 자립할 수 있도록 도울.

Step 3   수능 필수 구문 O, X 로 복습하기

구문 포인트 ①

수여동사
문장

We should be giving money or food directly **[the poor / to the poor]** in emergencies like an earthquake or flood.

(O to the poor)

(X the poor)

수여동사 give 뒤에 직접목적어가 바로 나오고 있기 때문에 간접목적어 앞에는 to를 써야 한다.

수여동사란 '~에게(간접목적어), ~을(직접목적어)'이라는 목적어를 두 개 갖는 동사로, 목적어의 위치에 주의한다.

4형식: She bought me a present.

3형식: She bought a present for me.

구문 포인트 ②

5형식
문장

In less emergent situations, however, providing food can make **[people dependent / dependent on people]**.

(O people dependent)

(X dependent on people)

4형식, 동사 make 다음에는 목적어, 목적보어의 순서대로 쏜다.

5형식 문장은 목적어와 목적보어를 갖는다. 목적보어로는 형용사, 동사원형, to부정사 등이 온다.

She made me happy .
주어   동사   목적어 목적보어

구문 포인트 ③

5형식
가목적어 it

If a developed country gives food to a poor country, its local farmers will find **[difficult / it difficult]** to produce food to sell.

(O it difficult)

(X difficult)

4형식, 동사 find 다음에는 목적어가 있어야 하고, 진목적어 to부정사가 뒤에 있기 때문에 가목적어 it을 써야 한다.

일반적으로 5형식 문장에서 길어진 목적어 대신 가목적어 it을 쓰는 경우는 다음과 같다.

find it difficult(easy) to~ (~하는 게 어렵다(쉽다)는 것을 알다)
make it (im)possible to~ (~하는 것을 (불)가능하게 하다)

본문 단어
check up

directly	직접	provide	공급하다
emergency	비상(사태)	dependent	의존적인
earthquake	지진	developed	선진의, 발달된
flood	홍수	produce	생산하다
situation	상황	earn	벌다

Step 1 진짜 **수능** 문제 풀어보기

When you cross paths with a stranger or accidentally catch someone's gaze, how do you react? You probably look away in awkwardness or pretend you are looking at something else. Well, why don't you give them a big smile instead? Deepak Chopra, an Indian medical doctor, talks about giving each person you encounter a small gift. I do this with a smile. Why not? It does not cost me anything. Plus, it's a lot more fun than feeling awkward and pretending I am not there. When I smile at people who are not expecting it, some blush, and others are surprised and smile back. And it makes me feel all warm inside.

● 학력평가 2012(6월)

Q 위 글에서 필자가 주장하는 바로 가장 적절한 것은?

① 어려움에 처한 사람을 외면하지 마라.

② 작은 선물에도 감사하는 마음을 가져라.

③ 낯선 사람과 마주치면 먼저 미소를 지어라.

④ 대화를 할 때는 상대방과 시선을 맞추어라.

⑤ 억지웃음으로 상대방을 불편하게 하지 마라.

▶ 정답과 해설은 바로 다음 페이지에서 보기

Step 2 문장 집중 분석

03 주장 미소가 주는 장점   답③

필자의 주장이 드러난 Why don't you~? 문장에 주의한다.
첫 번째 문장에서 질문을 통해 화두를 제시하고, 자신은 낯선 이를 만나면 어떻게 하겠다라는 의견을 피력하는 글이다. 그리고 마지막에 미소의 장점을 추가로 제시하여 의견을 강조하고 있다.

---

1 When you cross paths with a stranger / or accidentally catch someone's gaze, / how do you react?

해석확인 길에서 낯선 사람과 마주칠 때 / 또는 ▨▨▨▨▨▨▨▨▨▨ / 여러분은 어떻게 반응하는가?

구문분석
3형식 동사

When you cross paths with a stranger or accidentally catch someone's gaze, how do you react?
　　　　　　　동사　목적어　　　　　　　　　　　　　　　　　　　　　동사　　목적어

cross(~를 건너다), catch(~을 붙잡다)는 3형식 동사로 목적어를 꼭 필요로 한다.

---

2 You probably look away in awkwardness / or pretend you are looking at something else.

해석확인 여러분은 아마도 어색하게 눈길을 돌릴지도 모른다 / 또는 ▨▨▨▨▨▨▨▨▨▨.

구문분석
목적어의 형태

You probably look away in awkwardness or pretend (that) you are looking at something else.
　　　　　　　　　　동사구　　　　전치사구　　　　동사　　　　　　　목적어

동사 pretend의 목적어로 that 명사절이 왔다. 다만 목적어 역할을 할 때 접속사 that이 생략되는 경우에 주의한다.

---

3 Well, why don't you give them a big smile / instead?

해석확인 그런데 그들에게 ▨▨▨▨▨▨▨▨▨▨ / 대신에?

구문분석
4형식 문장

Well, why don't you give them a big smile instead?
　　　　　　　　수여동사 간접목적어 직접목적어

〈give+간접목적어+직접목적어〉의 4형식 문장으로 〈give+직접목적어+to+간접목적어〉의 3형식 문장으로 바꿔 쓸 수 있다.

Well, why don't you give them a big smile instead?

Well, why don't you give a big smile to them instead?

| 〈to+간접목적어〉를 쓰는 수여동사 | give, send, show, tell, bring |
| 〈for+간접목적어〉를 쓰는 수여동사 | cook, get, buy, make, find |

---

1 길에서 낯선 사람과 마주칠 때 / 또는 우연히 누군가의 시선을 사로잡을 때 / 여러분은 어떻게 반응하는가?
2 여러분은 아마도 어색하게 눈길을 돌릴지도 모른다 / 또는 다른 어떤 것을 쳐다보는 척하거나.
3 그런데 그들에게 환하게 웃어주는 것은 어떨까 / 대신에?

오답 풀이

'small gift'라는 단어 때문에 ②번으로 잘못 선택할 수 있다. 또한 'gaze'를 보고 섣불리 ④번을 선택하지 않도록 한다.

유형 분석 및 선택률 확인

필자가 던지는 물음과 그 물음에 대한 답을 보면 주장하는 바를 알 수 있다.

정답률	문항별 선택률				
84%	① 6%	② 5.7%	③ 84%	④ 1.7%	⑤ 2.6%

4

Deepak Chopra, an Indian medical doctor, / talks about giving each person / you encounter / a small gift.

해석확인 Deepak Chopra라는 인도인 의사가 /   / 여러분이 만나는 / 작은 선물을.

구문분석

전치사구

Deepak Chopra, an Indian medical doctor, talks [about giving each person (you encounter) a
　　　　　　동격(주어)　　　　　　　　　동사　　　　　전치사구
small gift].

〈주어+동사+전치사구〉의 1형식 문장으로 전치사의 목적어에 수여동사가 포함되어 두 개의 목적어가 giving 다음에 연달아 나오고 있다. 이처럼 전치사 다음의 -ing로 4, 5형식 동사도 올 수 있다.

전치사+명사	He looks like a puppy. (그는 강아지처럼 보인다.)
전치사+-ing(사역동사)	They tell about getting her hair cut. (그들은 그녀의 머리를 자르게 하는 것에 대해 말한다.)

5

I do this with a smile. // Why not? // It does not cost me anything.
Plus, it's a lot more fun / than feeling awkward / and pretending I am not there.

해석확인 나는 미소를 띠고 이것을 하고 있다. // 안 될 게 뭔가? // 그것은 내게 어떤 비용도 들지 않는다. // 게다가 그것은 훨씬 더 재미있다 / 어색해하는 것보다 /   .

구문분석

병렬구조

it's a lot more fun than **feeling** awkward and **pretending** I am not there.
　　　　　　　　　　　　　　병렬구조

동명사 feeling과 pretending이 등위접속사 and에 의해 병렬구조를 이루고 있다.

6

When I smile at people / who are not expecting it, / some blush, / and others are surprised and smile back. // And it makes me feel all warm / inside.

해석확인 내가 사람들에게 미소를 지을 때 / 그것을 기대하지 않은 (사람들에게) / 어떤 사람들은 얼굴을 붉히고 / 어떤 사람들은 놀라워하며 미소를 짓는다. //   / 내적으로.

구문분석

5형식 문장

some blush, and others are surprised and smile back. And it makes me feel all warm inside.
　　부정대명사　　　　　　　　　　　　　　　　　　　　　　　　동사　목적어　목적보어
　(몇몇은 ~이고 나머지는 …이다)
사역동사 make 다음에 목적어와 동사원형의 목적보어가 온 5형식 문장이다.

사역동사: make, let, have	I let her go home. (나는 그녀가 집에 가는 걸 허락했다.)

---

4 Deepak Chopra라는 인도인 의사가 / 각각의 사람들에게 주는 것에 대해 말한다 / 여러분이 만나는 / 작은 선물을.

5 나는 미소를 띠고 이것을 하고 있다. // 안 될 게 뭔가? // 그것은 내게 어떤 비용도 들지 않는다. // 게다가 그것은 훨씬 더 재미있다 / 어색해하는 것보다 / 그리고 거기 없는 척하는 것보다.

6 내가 사람들에게 미소를 지을 때 / 그것을 기대하지 않은 (사람들에게) / 어떤 사람들은 얼굴을 붉히고 / 어떤 사람들은 놀라워하며 미소를 짓는다. // 그리고 그것은 내가 아주 따뜻한 감정을 느끼게 만든다 / 내적으로.

Step 3 수능 **필수 구문** O, X로 복습하기

| 구문 포인트 ❶ | Well, why don't you give **[them a big smile / a big smile them]** instead? |

4형식
문장

(O them a big smile)

(X a big smile them)

간접목적어 them, 직접목적어 a big smile의 순서로 쓴다.

수여동사가 4형식으로 쓰이면 〈간접목적어+직접목적어〉의 순서로 쓰인다.

주어	동사	간접목적어	직접목적어
I	bought	my son	new shoes.

| 구문 포인트 ❷ | Deepak Chopra, an Indian medical doctor, talks about **[give / giving]** each person you encounter a small gift. |

전치사의
목적어

(O giving)

(X give)

전치사 about의 목적어는 명사나 동명사이기 때문에 동사원형인 give는 쓸 수 없다.

전치사의 목적어로는 명사, 동명사 등이 오며, 동명사인 경우 -ing 형태로 쓰인 동사의 특징이 그대로 나온다.

She is good at playing tennis .

동명사(playing의 목적어 tennis가 있어야 함)
동사(play)의 특징

| 구문 포인트 ❸ | When I smile at people who are not expecting it, some blush, and **[other / others]** are surprised and smile back. |

부정대명사

(O others)

(X other)

other는 부정형용사로 〈other +명사〉로 쓰이며, others는 부정대명사로 주어가 될 수 있다.

여러 개가 있을 때 나열하는 표현들로는 〈some ~ others: 몇몇은 ~ 다른 것들은〉과 〈some ~ the others: 몇몇은 ~ 그 나머지 전부는〉이 있다.

I have many books. **Some** are novels and **others** are comic books.

본문 단어

check up

path	길	pretend	~인 척하다
stranger	이방인, 낯선 사람	encounter	맞닥뜨리다
gaze	시선, 응시	expect	예상하다, 기대하다
accidentally	우연히	blush	얼굴을 붉히다
awkwardness	어색함	surprise	놀라게 하다

UNIT
2

-------- 처음 만나는 수능 유형 --------

04~06

수능 유형	수능 어법
	병렬과 문장 특징
04 요지 찾기	• 병렬구조
05 주제 찾기	• 주어와 동사 찾기
06 제목 찾기	• 목적어 형태

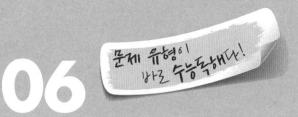

유형 소개 ▶ **주제, 제목, 요지 찾기**는 글의 전체적인 내용을 파악하고 글에서 말하고자 하는 바를 압축하는 문제 유형이다. 전체 비중이 빈칸추론만큼 높으며 수능 독해의 기본에 해당되는 유형이다.
특히 제목 추론은 중심 내용을 상징적이고 함축적으로 나타내는 표현을 찾아야 한다.

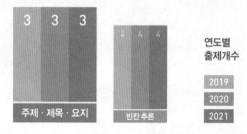

연도별 출제개수

2019
2020
2021

주제 · 제목 · 요지   빈칸 추론

유형 해결 전략 ▶

1 첫 문장에 직접적으로 표현된 경우
사실적 정보를 제공하는 경우 대체로 첫 문장이 주제문이다.
글쓴이의 주장이나 의견을 직접적으로 표현한 경우 글의 요지가 된다.

2 첫 문장에 간접적으로 주제가 표현된 경우
두 가지 요소를 비교나 대조하면서 강조하는 것이 주제나 요지이다.
질문이나 원인, 의문이 첫 문장일 때는 질문과 답, 문제와 해결책이 중심 내용으로 글의 주제, 요지일 수 있다.

3 반전을 예고하는 첫 문장인 경우
잘못된 상식이나 정보를 제시하는 경우 그 바른 예가 주제나 요지가 된다.
시간, 공간, 부분과 전체 등의 대비로 반전적인 주제나 요지를 전달하기도 한다.

다음 글의 주제로 가장 적절한 것을 고르시오.

Newspaper circulation has been falling for years. In the 1960s, four out of five Americans read a paper every day, but now only half of Americans do so. The Washington Post's circulation is down 3 percent from 2005, and the Los Angeles Times's circulation is down more than 6 percent. Desperation has produced a new kind of scandal. Some newspapers cheated in circulation figures. They were found to have nearly 100,000 ghost readers. Now, newspapers that were once published in the traditional broadsheet size are forced to switch to a tabloid layout.

① conflicts between readers and newspapers
② impacts of falling circulations of papers
③ suggestions for getting information
④ cooperation among newspapers
⑤ efforts to cut advertising rates

주제 찾기

STEP 1 첫 문장을 통해 글의 전개 파악
● 첫 문장에 전체 내용이 드러나는 경우가 많다.
● 첫 문장에서 신문 발행 부수가 감소하고 있다고 얘기하고 있으므로 다음 내용으로는 부수 감소의 원인 또는 결과가 올 것을 예측할 수 있다.

STEP 2 구체적인 내용 파악하기
● 신문 구독률의 감소에 따른 현상들을 보여주고 있다.
● 결국 마지막 문장에서 그런 신문 발행 부수의 감소에 따른 결과까지 말하고 있다.

STEP 3 보기 해석
① 독자와 신문사들 사이의 갈등
② 감소하는 신문 발행 부수의 영향
③ 정보 입수를 위한 제안
④ 신문사 간의 협력
⑤ 광고 비율을 줄이기 위한 노력

제한시간 **60초** 에 문제를 풀고
Step 2에서 문장분석을 확인하세요.

Step 1 진짜 **수능** 문제 풀어보기

If you walk into a room that smells of freshly baked bread, you quickly detect the rather pleasant smell. However, stay in the room for a few minutes, and the smell will seem to disappear. In fact, the only way to reawaken it is to walk out of the room and come back in again. The exact same concept applies to many areas of our lives, including happiness. Everyone has something to be happy about. Perhaps they have a loving partner, good health, a satisfying job, a roof over their heads, or enough food to eat. As time passes, however, they get used to what they have and, just like the smell of fresh bread, these wonderful assets disappear from their consciousness. As the old proverb goes, you never miss the water till the well runs dry.

● 학력평가 2017(6월)

Q 위 글에서 요지로 가장 적절한 것은?

① 새로움을 추구하는 삶이 가치 있다.

② 작은 행복이 모여서 큰 행복이 된다.

③ 즐거움은 어느 정도의 고통을 수반한다.

④ 익숙함이 소중한 것의 가치를 잊게 한다.

⑤ 결과보다 과정에 집중하는 삶이 행복하다.

▶ 정답과 해설은 바로 다음 페이지에서 보기

04 요지 소중한 것들에 대한 가치   답 ④

마지막에서 두 번째 문장이 글의 주제문으로, 사람들이 갓 구운 빵 냄새에 익숙해져서 그 냄새를 맡지 못하게 되는 것처럼, 시간이 흐름에 따라 사람들은 자신의 소중한 것들에 익숙해지면 그것들의 가치를 잊게 된다는 글이다.

1

If you walk into a room / that smells of freshly baked bread, / you quickly detect the rather pleasant smell.

해석확인
만약 당신이 방으로 걸어 들어간다면 / ▒▒▒▒▒▒▒ / 당신은 꽤나 기분 좋은 그 냄새를 금방 알아차리게 된다.

구문분석
부사절

If you walk into a room that smells of freshly baked bread, you quickly detect the rather
　　부사절　　　　　　　　　　　　　관계대명사절
pleasant smell.
if부사절이 관계대명사절의 수식을 받아 길어져 보이지만 〈주어+동사〉의 간단한 1형식 구문이다.

2

However, / stay in the room for a few minutes, / and the smell will seem to disappear. // In fact, the only way to reawaken it / is to walk out of the room / and come back in again.

해석확인
하지만, / 몇 분 동안 방에 머무르면 / 그 냄새는 사라진 것처럼 보일 것이다. // 사실, ▒▒▒▒▒▒▒ / 방을 나간 후 / 다시 들어오는 것이다.

구문분석
주어와 to부정사

명사 수식(to부정사의 형용사적 용법)
In fact, the only way to reawaken it is to walk out of the room and come back in again.
　　　　　주어　　　　　　　　　　동사　　보어(to부정사의 명사적 용법)

이 문장의 주어는 the only way로 뒤에 오는 to부정사는 명사를 수식하는 형용사적 용법이고 동사 is 다음에 오는 to부정사는 보어 역할을 하는 명사적 용법의 to부정사이다.

명사적 용법	주어	**To play** the guitar is interesting.
	보어	My hobby is **to play** the guitar.
	목적어	I like **to play** the guitar.
형용사적 용법		I need the guitar **to play**. (명사 수식)

3

The exact same concept applies to many areas of our lives, / including happiness. // Everyone has something to be happy about.

해석확인
정확히 똑같은 개념이 ▒▒▒▒▒▒▒ / 행복을 포함한. // 모든 사람에게는 행복을 느끼는 무언가가 있다.

구문분석
동사구의 의미

The exact same concept applies to many areas of our lives, including happiness.
　　　　　　　　　　　　~에 적용되다　　　　　　　　　　전치사(~을 포함하여)

apply to는 '~에 적용되다'는 뜻이고 including은 '~을 포함하여'는 뜻의 전치사이다.

---

1 만약 당신이 방으로 걸어 들어간다면 / 갓 구운 빵 냄새가 나는 / 당신은 꽤나 기분 좋은 그 냄새를 금방 알아차리게 된다.
2 하지만, / 몇 분 동안 방에 머무르면 / 그 냄새는 사라진 것처럼 보일 것이다. // 사실, 냄새를 다시 일깨우는 유일한 방법은 / 방을 나간 후 / 다시 들어오는 것이다.
3 정확히 똑같은 개념이 우리 삶의 많은 방면에 적용된다 / 행복을 포함한. // 모든 사람에게는 행복을 느끼는 무언가가 있다.

요지 찾기 유형은 주제 찾기와 마찬가지로 첫 문장이나 마지막 문장에 주제문이 나
올 수 있다. 이 주제문에 따라 글의 요지를 파악한다.

정답률	문항별 선택률				
75%	① 4%	② 12%	③ 4%	④ 75%	⑤ 5%

4

Perhaps they have / a loving partner, good health, a satisfying job, a roof over their heads, or enough food to eat.

해석확인 아마도 사람들은 갖고 있을 것이다 / 소중한 동반자, 건강, 만족스러운 직업, 보금자리, 또는 먹을 ▮▮▮▮▮▮▮.

구문분석
길어진 목적어

Perhaps they have a loving partner, good health, a satisfying job, a roof over their heads, or enough food to eat.
                                                                    목적어

have 동사 다음에 목적어가 접속사 or로 연결되어 길어진 경우이다.

5

As time passes, however, / they get used to what they have / and, just like the smell of fresh bread, / these wonderful assets disappear from their consciousness.

해석확인 그러나 시간이 지남에 따라, / ▮▮▮▮▮▮▮ / 마치 갓 구운 빵 냄새처럼 / 이런 소중한 것들은 의식 속에서 사라진다.

구문분석
동사구의 의미

As time passes, however, they get used to what they have and, just like the smell of fresh
접속사(~함에 따라)   ~에 익숙해지다
bread

be[get] used to~ 다음에 오는 단어의 형태에 따라 의미가 다르다는 것에 유의한다.

be[get] used to+(동)명사: ~에 익숙해지다	He got used to getting up early. (그는 일찍 일어나는 것에 익숙해졌다.)
be[get] used to부정사: ~하는 데 사용되다	It is used to make bread. (그것은 빵을 만드는 데 쓴다.)
used to부정사: ~하곤 했다	He used to get up early. (그는 일찍 일어나곤 했다.)

6

As the old proverb goes, / you never miss the water / till the well runs dry.

해석확인 속담에서 말하듯이 / 사람들은 물의 소중함을 알게 된다 / ▮▮▮▮▮▮▮.

구문분석
접속사 as

As the old proverb goes, you never miss the water till the well runs dry.
~처럼   not~ until[till] (…한 후에야 ~한다)

접속사 as는 문맥에 따라 의미가 달라지는 것에 유의한다.

~대로, ~처럼	Do **as** you think. (네가 생각한 대로 해라.)
~할 때, ~하면서	Things are changed **as** time has passed. (시간이 지나면서 상황이 변한다.)
~때문에	**As** I was tired, I went to bed early. (나는 피곤해서 일찍 자러 갔다.)

4 아마도 사람들은 / 갖고 있을 것이다 / 소중한 동반자, 건강, 만족스러운 직업, 보금자리, 또는 먹을 충분한 음식을.
5 그러나 시간이 지남에 따라, / 사람들은 그들이 가진 것에 익숙해지고, / 마치 갓 구운 빵 냄새처럼 / 이런 소중한 것들은 의식 속에서 사라진다.
6 속담에서 말하듯이 / 사람들은 물의 소중함을 알게 된다 / 우물이 마른 후에야.

Step 3 수능 필수 구문 O, X로 복습하기

구문 포인트 ❶

주어 찾기

In fact, the only way to reawaken it **[walks / is to walk]** out of the room and come back in again.

(○ **is to walk**)

(✗ **walks**)

이 문장의 주어는 the only way이기 때문에 의미상 walks가 적절하지 않고 그 방법에 대한 설명이 있어야 하므로 be동사 다음에 보어가 와야 한다.

긴 문장을 해석할 때는 먼저 주어와 동사를 찾아 파악하면 쉽게 문장의 의미를 알 수 있다.

The only way to get into the city is by train.
　주어　　　　　　　　　　　　　　　　　　　동사

구문 포인트 ❷

동사구

As time passes, however, they get **[used to / used to do]** what they have and, just like the smell of fresh bread, these wonderful assets disappear from their consciousness.

(○ **used to**)

(✗ **used to do**)

문맥상 '~에 익숙해지다'라는 뜻이므로 get used to 다음에는 (동)명사구가 온다.

get used to 다음에 오는 단어의 형태에 따라 의미가 달라지는 것에 유의해야 한다.

(동)명사	I got used to driving fast. (익숙해지다)
to부정사	It got used to drive fast. (사용되다)

구문 포인트 ❸

접속사 as

[As / If] the old proverb goes, you never miss the water till the well runs dry.

(○ **As**)

(✗ **If**)

'속담에서 말하듯이'라는 의미이므로 접속사 as를 쓴다.

as는 접속사뿐만 아니라 전치사로도 쓰인다.

접속사	~할 때, ~하면서
	~때문에, ~대로, ~처럼
전치사	~로써, ~로

본문 단어
check up

smell of	~의 냄새가 나다	pass	지나가다
detect	발견하다, 찾아내다	asset	자산, 이점
disappear	사라지다	consciousness	의식
reawaken	다시 깨우다	proverb	속담
apply to	~에 적용되다	well	우물

제한시간 60초 에 문제를 풀고
Step 2에서 문장분석을 확인하세요.

Step 1 진짜 **수능** 문제 풀어보기

Emotions usually get a bad reputation. They are often seen as something to be regulated or managed. People even think emotions are harmful if they get out of control. However, all emotions have a point. They played an important part in our evolutionary history and helped us survive. For example, by seeing disgust on someone's face when presented with moldy food, we were able to avoid eating something dangerous. By communicating happiness, we were able to develop beneficial social interactions. Even anger was an important emotion to our ancestors, motivating us to seek food when we were hungry, to fight off predators and to compete for scarce resources. ● 학력평가 고2 2015(3월)

* moldy: 곰팡이가 낀

Q 위 글의 주제로 가장 적절한 것은?

① reasons we need to hide our emotions

② difficulties of reading others' emotions

③ contributions of emotions to human survival

④ ways of expressing emotions in different cultures

⑤ differences between emotional and physical responses

Step 2 문장
집중분석

05 주제 감정의 긍정적 역할   답 ③

첫 문장은 사회적 통념에 대한 진술로, however 다음 내용에 주의한다.
보통 감정을 통제하고 숨겨야 할 것으로 생각한다는 첫 문장은 사회적 통념을 나타내는 것으로, however 다음은 감정이 어떤 유익한 역할을 하는지 말하고 있다.

1

Emotions usually get a bad reputation. //

They are often seen as something / to be regulated or managed.

해석확인   감정은 보통 평판이 나쁘다. //   / 조절되거나 관리되어야 할.

구문분석
수동태 표현

They are often seen as something to be regulated or managed.
        수동태 숙어

〈be seen as~〉는 '~로 여겨지다'는 의미로 이처럼 조금 복잡한 수동태인 경우 숙어처럼 알아두는 것이 좋을 수 있다. 그리고 they는 emotions(감정들)를 대신한다.

2

People even think / emotions are harmful / if they get out of control. //

However, all emotions have a point.

해석확인   심지어 사람들은 생각하나 /   / 만약 통제되지 않으면. //
그러나 모든 감정은 나름의 의미가 있다.

구문분석
목적어 형태

               명사절
People even think [(that) emotions are harmful if they get out of control.]
        동사   부사절

동사 think의 목적어 자리에 that 명사절이 온 것으로 부사절 if~이하가 포함되어 명사절이 길어진 것이다. 이처럼 목적어 역할일 때 명사절 접속사 that이 생략된 경우에 주의한다.

3

They played an important part / in our evolutionary history / and helped us survive.

해석확인   그것들은(감정들은) 중요한 역할을 했다 / 우리의 진화 역사에서 /   .

구문분석
목적보어 형태

They played an important part in our evolutionary history and helped us survive.
      ~에서 역할을 하다   동사+목적어+목적보어(동사원형)

〈help+목적어+목적보어〉의 5형식 문장으로, 동사가 help인 경우 목적보어로 동사원형이나 to부정사가 모두 올 수 있다.

---

1 감정은 보통 평판이 나쁘다. // 그것은 종종 어떤 것으로 여겨진다 / 조절되거나 관리되어야 할.
2 심지어 사람들은 생각한다 / 감정은 해롭다고 / 만약 통제되지 않으면. // 그러나 모든 감정은 나름의 의미가 있다.
3 그것들은(감정들은) 중요한 역할을 했다 / 우리의 진화 역사에서 / 그리고 우리가 생존하는 데 도움을 주었다.

보기 해석

① 우리가 감정을 숨겨야 하는 이유
② 다른 사람의 감정을 파악하는 것의 어려움
③ 인간의 생존에 대한 감정의 기여
④ 다양한 문화에서 감정을 표현하는 방법
⑤ 감정적 반응과 신체적 반응의 차이

유형 분석 및 선택률 확인

주제 찾기 유형은 늘 첫 문장에 주목해야 한다. 그런데 이 문제에서는 첫 문장 다음의 however에서 주제가 전환된다는 것에 유의한다.

정답률	문항별 선택률				
82%	① 6%	② 4%	③ 82%	④ 3%	⑤ 5%

4

For example, by seeing disgust on someone's face / when presented with moldy food, / we were able to avoid eating something dangerous.

해석확인 예를 들면 어떤 사람의 얼굴에 드러난 혐오감을 봄으로써 / 곰팡이가 낀 음식을 제공받을 때 /   .

구문분석

목적어 형태

전치사구
[by seeing disgust on someone's face when presented with moldy food,] we were able to avoid
                                 분사구문(접속사+-ed)   동사

eating something dangerous
  목적어(동명사)

were able to는 can의 과거형이고, avoid의 목적어로 동명사가 왔다.

5

By communicating happiness, / we were able to develop beneficial social interactions.

해석확인   / 우리는 유익한 사회적 상호작용을 발전시킬 수 있었다.

구문분석

목적어 형태

By communicating happiness, we were able to develop beneficial social interactions.
    전치사의 목적어

앞의 문장 by seeing ~처럼 여기에서도 전치사 by의 목적어로 동명사 communicating ~이하가 왔다. 이처럼 전치사 다음에는 명사 외에도 -ing 형태의 동명사가 온다.

6

Even anger was an important emotion / to our ancestors, / motivating us to seek food / when we were hungry, / to fight off predators and to compete for scarce resources.

해석확인 심지어 분노도 중요한 감정이었는데, / 우리의 조상들에게 / 음식을 찾게 자극했다 / 배고플 때 /   .

구문분석

병렬구조

motivating us to seek food when we were hungry, to fight off predators and to compete for
  분사구문   병렬구조

scarce resources

motivating~은 분사구문으로, 〈motivate+목적어+목적보어〉로 쓰이며 목적보어로 to부정사가 온다. 이 문장은 목적보어들이 and로 연결되어 병렬구조를 이루고 있다.

---

4 예를 들면 어떤 사람의 얼굴에 드러난 혐오감을 봄으로써 / 곰팡이가 낀 음식을 제공받을 때 / 우리는 위험한 것을 먹지 않고 피할 수가 있었다.
5 행복감을 전달함으로써 / 우리는 유익한 사회적 상호작용을 발전시킬 수 있었다.
6 심지어 분노도 중요한 감정이었는데, / 우리의 조상들에게 / 음식을 찾게 자극했다 / 배고플 때 / 포식자를 물리치고 부족한 자원을 위해 경쟁하도록 (자극했다).

Step 3 수능 **필수 구문** O, X 로 복습하기

구문 포인트 ❶

병렬구조

They played an important part in our evolutionary history and **[help / helped]** us survive.

(O helped)

(X help)

접속사 and로 연결된 것이 문장의 동사이기 때문에 played와 같은 과거 시제인 helped를 써야 한다.

접속사는 같은 형태나 기능의 단어, 구, 절을 연결한다.

① 형용사끼리 연결	smart **and** beautiful (등위접속사)
② 전치사구끼리 연결	**both** on Earth **and** in space (상관접속사)
③ 절끼리 연결	You always walk faster **than** I do. (비교)

구문 포인트 ❷

목적어
형태

For example, by **[to see / seeing]** disgust on someone's face when presented with moldy food, we were able to avoid eating something dangerous.

(O seeing)

(X to see)

전치사의 목적어로는 명사나 동명사 가 온다.

목적어로는 명사, 동명사, to부정사, that절 등이 온다. 하지만 전치사의 목 적어로 to부정사는 올 수 없다.

| 전치사+명사 | I live **with my aunt**. |
| 전치사+동명사 | He's good **at playing tennis**. |

구문 포인트 ❸

병렬구조

Even anger was an important emotion to our ancestors, motivating us to seek food when we were hungry, to fight off predators and **[competing / to compete]** for scarce resources.

(O to compete)

(X competing)

to seek ~, to fight ~와 and로 연결되어 있으므로 to compete를 써야 한다.

병렬 구조를 파악하는 방법은 다음과 같다.
① 여러 단어, 구가 and나 or, than 등으로 연결되어 있는지 본다.
② and나 or로 연결된 단어나 구의 특징을 살펴본다.
③ 같은 형태와 기능의 단어, 구를 선택한다.

본문 단어
check up

reputation	평판, 명성	beneficial	유익한
regulate	조절하다	interaction	상호 작용
get out of control	통제할 수 없게 되다	ancestor	조상
evolutionary	진화의	motivate	동기를 부여하다, 자극하다
disgust	혐오감	predator	포식자

Over time, I have become increasingly aware that the world is divided into people who wait for others to give them permission to do the things they want to do and people who grant themselves permission. Some look inside themselves for motivation and others wait to be pushed forward by outside forces. From my experience, there is a lot to be said for seizing opportunities instead of waiting for someone to hand them to you. There are always white spaces ready to be filled and golden nuggets of opportunities lying on the ground waiting for someone to pick them up. Sometimes it means looking beyond your own desk, outside your building, across the street, or around the corner. But the nuggets are there for the taking by anyone willing to gather them up. ● 학력평가 2014(9월)

Q 위 글의 제목으로 가장 적절한 것은?

① Be Motivated by People Around You

② Why Do Golden Nuggets Distract Us?

③ Don't Hesitate to Take Hold of Opportunities

④ How Can We Easily Get Permission from Others?

⑤ Widen Your Eyes, Deepen Your Understanding of Others

유형 해법을 적용하고 수능 구문에 따라 해석하세요.

Step 2 문장 집중분석

06 제목 기회를 위해 망설이지 마라 답 ③

필자의 의견을 나타내는 From my experience~이하에서 제목을 찾을 수 있다.
글 중간에 필자가 능동적으로 기회를 잡는 것이 바람직하다며 자신의 경험을 얘기하고 있다. 따라서 제목으로 적절한 것은 '③기회를 잡기 위해 망설이지 마라'이다.

1 Over time, / I have become increasingly aware / that the world is divided into people / who wait for others to give them permission / to do the things they want to do / and people who grant themselves permission.

해석확인 시간이 흐르면서 / 나는 점점 깨닫고 있다 / 세상은 사람들로 나뉜다는 것을 / ▨▨▨▨▨▨▨▨▨▨▨ ▨▨▨▨▨▨▨▨▨▨ / 자신이 하고 싶은 일들을 하도록 / 자기 자신에게 허락을 주는 사람들로.

구문분석

병렬구조

I have become increasingly aware [that the world is divided into people who wait for others ~ and
　　　　　　　　　동사　　　　　　　　목적어
people who grant themselves permission.]
　　　　　　　　　　　　　　　　　병렬구조(into에 포함)

become aware (~을 알게 되다)의 목적어로 that절이 왔다. 목적어 that절 안에서 관계대명사 who가 수식하는 people이 into에 병렬로 연결되어 길어졌다.

2 Some look inside themselves / for motivation / and others wait to be pushed forward / by outside forces.

해석확인 몇몇 사람들은 자신의 내부를 살펴본다 / 동기 부여를 위해 / ▨▨▨▨▨▨▨▨▨▨▨▨▨▨ / 외부의 힘에 의해.

구문분석

부정대명사

Some look inside themselves for motivation and others wait to be pushed forward by outside
　　몇몇은 ~하고 다른 사람들은 ~한다
forces.

부정대명사 some ~ others는 정해지지 않은 것을 두 부류로 나눠서 말할 때 쓰는 표현이다.

3 From my experience, / there is a lot to be said / for seizing opportunities / instead of waiting for someone / to hand them to you.

해석확인 내 경험상 / ▨▨▨▨▨▨▨▨▨▨▨▨▨▨▨ / 기회를 잡는 것에는 / 누군가를 기다리기보다 / 당신에게 기회를 건네주는.

구문분석

숙어 표현

From my experience, there is a lot to be said for seizing opportunities instead of waiting for
　　　　　　　　　　　　~에는 충분한 이유가 있다

someone to hand them to you.
　　　　　　　　형용사적 용법

⟨there is a lot to be said for ~⟩는 '~에는 충분한 이유가 있다'는 표현으로, From my experience와 함께 필자의 의견을 나타내고 있다.

1 시간이 흐르면서 / 나는 점점 깨닫고 있다 / 세상은 사람들로 나뉜다는 것을 / 다른 사람들이 허락해 주기를 기다리는 (사람들) / 자신이 하고 싶은 일들을 하도록 / 그리고 자기 자신에게 허락을 주는 사람들로.
2 몇몇 사람들은 자신의 내부를 살펴본다 / 동기 부여를 위해 / 그리고 다른 사람들은 앞으로 떠밀려지기를 기다린다 / 외부의 힘에 의해.
3 내 경험상 / 그럴 만한 충분한 이유가 있다 / 기회를 잡는 것에는 / 누군가를 기다리기보다 / 당신에게 기회를 건네주는.

보기 해석

① 당신 주위의 사람들에 의해 동기부여 되어라
② 왜 금괴가 우리의 주의를 분산시키는가?
③ 기회를 잡기 위해 망설이지 마라
④ 어떻게 다른 이들로부터 쉽게 허락을 받을 수 있는가?
⑤ 시야를 넓혀 다른 사람에 대한 이해를 깊게 하라

유형 분석 및 선택률 확인

제목 찾기 유형은 선택지가 영어로 제시되며 글의 전체 내용을 압축적으로 드러내야 하기 때문에 정답률이 많이 떨어지지만 주제를 파악하면 어렵지 않게 풀 수 있다.

정답률	문항별 선택률				
48%	① 16%	② 11%	③ 48%	④ 14%	⑤ 11%

4

There are always white spaces / ready to be filled / and golden nuggets of opportunities / lying on the ground / waiting for someone to pick them up.

해석확인   / 채워질 준비가 된 / 그리고 기회의 금괴들이 / 땅에 놓인 / 누군가 들어 올려주기를 기다리며.

구문분석

병렬구조

There are always white spaces ready to be filled and golden nuggets of opportunities lying on the ground
주어의 병렬구조(there are에 연결)

〈There are+주어〉의 구문으로, 주어가 형용사구와 분사의 수식을 받으며 and로 연결되어 길어진 경우이다.

5

Sometimes it means looking / beyond your own desk, / outside your building, / across the street, / or around the corner.

해석확인 때때로 그것은 살펴보는 것을 의미한다 / 당신의 책상 너머를 / 당신의 건물 밖을 / 도로 건너편을 /   .

구문분석

병렬구조

Sometimes it means looking beyond your own desk, outside your building, across the street, or around the corner.

전치사구 beyond ~, outside~, across~, around~가 등위접속사 or에 의해 병렬구조를 이루고 있다.

6

But the nuggets are there / for the taking / by anyone willing to gather them up.

해석확인 그러나 그 기회의 금괴는 그곳에 있다 / 획득되어지도록 /   .

구문분석

1형식 어순

But the nuggets are there for the taking by anyone willing to gather them up.
　　주어　　　동사

〈주어+동사〉 다음에 부사 there, 전치사구 등이 온 1형식 구문이다.

4 항상 여백들이 존재하고 있다 / 채워질 준비가 된 / 그리고 기회의 금괴들이 / 땅에 놓인 / 누군가 들어 올려주기를 기다리며.
5 때때로 그것은 살펴보는 것을 의미한다 / 당신의 책상 너머를 / 당신의 건물 밖을 / 도로 건너편을 / 또는 모퉁이 주변을.
6 그러나 그 기회의 금괴는 그곳에 있다 / 획득되어지도록 / 기꺼이 그것을 모으기를 원하는 누군가에 의해.

33

Step 3 · 수능 필수 구문 O, X로 복습하기

구문 포인트 ❶

병렬구조

I have become increasingly aware that the world is divided into people who wait for others to give them permission to do the things they want to do **[that / and]** people who grant themselves permission.

(and)

(that)

전치사 into의 목적어인 people who~가 and로 연결되는 병렬구조의 문장이므로 and를 쓴다.

내용상 people who~가 전치사 into에 연결되는 것으로, 접속사가 필요한 병렬구조이다.

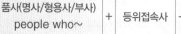

품사(명사/형용사/부사) people who~	등위접속사	동일 품사 people who~

I can't remember **who I am and where I am from.**

구문 포인트 ❷

부정
대명사

Some look inside themselves for motivation and others **[wait / waited]** to be pushed forward by outside forces.

(wait)

(waited)

앞문장의 시제가 현재로 look이 쓰였고, and로 연결되고 있으므로 현재형을 써야 한다.

부정대명사 표현인 some ~ and others는 정해지지 않은 것을 두 부류로 나눠서 말하는 것으로, 대부분 주어로 쓰이며 동사는 복수형으로 쓴다.

Some people learn Chinese, **and others** learn English.

구문 포인트 ❸

문장
파악하기

There are always white spaces ready to be filled and golden nuggets of opportunities **[lie / lying]** on the ground waiting for someone to pick them up.

(lying)

(lie)

이 문장은 there are ~문장으로 앞의 명사 opportunities를 수식하는 분사가 와야 한다.

복잡한 문장을 파악할 때 먼저 주어와 동사를 찾아야 한다. 이 문장은 〈there are+주어〉 구문이기 때문에 품사가 동사이면 분사인지 여부를 판단해야 한다.

There are   people   crying . (cry X)

there+동사   주어   분사

본문 단어
check up

increasingly	점점 더	seize	붙잡다
aware	자각하고 있는	opportunity	기회
grant	승인하다, 허락하다	instead of	~대신에
permission	허락, 승인	golden nugget	금괴
motivation	동기 부여	willing to	~를 기꺼이 하는

UNIT
3

처음 만나는 수능 유형

07~09

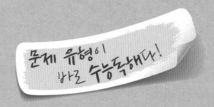

문제 유형이
바로 수능독해다!

수능유형 어휘, 지칭 추론

**유형
소개**

어휘 추론은 두 개의 반의어 또는 유사 철자 어휘 세 쌍이 짝지어진 것들 중 고르는 유형과 밑줄 친 다섯 개의 어휘 중 문맥에 맞지 않는 것을 찾는 유형으로 출제된다. 두 번째 유형이 주로 출제되며, 이는 장문 독해에도 등장하는 유형이다.

지칭 추론은 대명사나 어구가 지칭하는 대상을 추론하는 유형으로 최근에는 함축적 의미 추론 유형으로 대체되는 추세이다.

> **어휘 추론 유형 1** 세 쌍의 짝지어진 어휘
>
> (A), (B), (C)의 각 네모 안에서 문맥에 맞는 낱말로 적절한 것은?
>
> The use of salt helps to melt the ice from the roads in the winter by (A) lowering / locating the melting point of ice ...

> **어휘 추론 유형 2** 밑줄 친 다섯 개의 어휘
>
> 다음 글의 밑줄 친 부분 중, 문맥상 낱말의 쓰임이 적절하지 않은 것은?
>
> The people trust each other more deeply, and ① coordination becomes easier. After all, they are ② frequently doing the ...

**유형
해결
전략**

1 어휘 추론 짝지어진 어휘가 반의어인지, 철자가 유사한 것인지 먼저 살펴본 후 글의 전체 흐름에 맞게 쓰인 어휘를 추론한다.
밑줄 친 어휘 중 문맥에 맞지 않는 것을 고를 때는 주어진 어휘와 반대되는 의미인 어휘가 적절한지 살펴봐야 한다.

2 지칭 추론 글의 등장인물을 먼저 파악하여 성별, 수일치를 힌트로 대명사가 가리키는 것을 파악한다.
글의 흐름에 따라 밑줄 친 대명사가 가리키는 대상을 파악한다.

다음 글의 밑줄 친 부분 중, 문맥상 낱말의 쓰임이 적절하지 않은 것은? [3점]

Under the right circumstances, groups are remarkably intelligent, and are often smarter than the smartest people in them. Even if most of the people within a group are not especially well informed or rational, it can still reach a ① collectively wise decision. This is a good thing, since human beings are not perfectly designed decision makers. We generally have less information than we'd like. We have ② sufficient foresight into the future. Instead of insisting on finding the best possible decision, we will often ③ accept one that seems good enough. And we often let emotion affect our ④ judgement. Yet despite all these limitations, when our imperfect opinions are gathered in the right way, our collective intelligence is often ⑤ excellent.

어휘 추론

▶ **STEP 1 전반적인 내용 파악**
- 무엇을 다루는 글인지 먼저 파악해야 한다.
- 첫 문장을 보아 불충분한 정보, 제한된 예지력을 갖는 개인보다는 집단적 지성이 더 나은 결정을 할 것이라는 내용이다.

▶ **STEP 2 세부 어휘의 문맥 속 타당성**
①'집단적으로' 현명한 판단에 이를 수 있다는 점 ③최상의 결정을 고집하기 보다 충분히 좋아 보이는 것을 '받아 들인다'는 점 ④감정이 '판단'에 영향을 미치게 놔둔다는 점 ⑤모든 한계에도 불구하고 집단 지성은 '뛰어나다'는 점

▶ **STEP 3 오답**
집단 지성이 필요한 이유는 부족한 정보와 미래에 대한 ②'제한된(limited), 곧 충분하지 않은(insufficient)' 예견 때문이다.

제한시간 60초 에 문제를 풀고
Step 2에서 문장분석을 확인하세요.

Step 1 진짜 **수능** 문제 풀어보기

Many successful people tend to keep a good bedtime routine. They take the time just before bed to reflect on or write down three things that they are (A) regretful / thankful for that happened during the day. Keeping a diary of things that they appreciate reminds them of the progress they made that day in any aspect of their lives. It serves as a key way to stay motivated, especially when they experience a (B) hardship / success. In such case, many people fall easily into the trap of replaying negative situations from a hard day. But regardless of how badly their day went, successful people typically (C) avoid / employ that trap of negative self-talk. That is because they know it will only create more stress.

◦ 학력평가 2017(6월)

Q (A), (B), (C)의 각 네모 안에서 문맥에 맞는 낱말로 가장 적절한 것은?

	(A)		(B)		(C)
①	regretful	—	hardship	—	avoid
②	regretful	—	success	—	employ
③	thankful	—	hardship	—	avoid
④	thankful	—	success	—	avoid
⑤	thankful	—	hardship	—	employ

▶정답과 해설은 바로 다음 페이지에서 보기

Step 2 문장 집중분석

07 어휘 성공하는 이의 비결   **답 ③**

(A) thankful
바로 다음 문장에 나온 내용이 감사하는 일들에 대해
일기를 쓰는 것이므로 '고마운(thankful)'이 적절하다.
(B) hardship
(B)에도 다음 문장에 hard day가 나오므로 문맥상
hardship이 적절하며 많은 사람들은 힘든 날에 부정적인

---

1   Many successful people tend to keep a good bedtime routine.

해석확인   많은 성공적인 사람들은 취침 전에 하는 좋은 습관을 가지는 경향이 있다.

구문분석
동사의 특징

Many successful people tend to keep a good bedtime routine.
                    ~하는 경향이 있다

동사 keep은 의미가 다양하다.

keep+ 명사/형용사: 보관하다, 유지하다	Keep a secret. (비밀로 해.)
keep+ -ing : 계속해서 ~하다	Keep talking. (계속 얘기해.)
keep+ 명사+형용사/분사: ~를 …하게 유지하다	Keep the food cool. (음식을 차갑게 해.)

---

2   They take the time / just before bed / to reflect on or write down three things / that they are thankful for / that happened during the day.

해석확인   그들은 시간을 가진다 / 잠들기 직전 /   / 그들이 고마워 할 /
하루 동안에 일어났던.

구문분석
동사의 특징

They take the time just before bed to reflect on or write down three things that they are thankful
                                   동사구+목적어   관계대명사
for

write down은 '받아적다'는 의미의 〈동사+부사〉로 목적어가 명사일 때는 위치가 상관없지만 대명사일 때는 꼭 write
them down처럼 동사와 부사 사이에 위치해야 한다.

write it down (O)	put on (입다) put off (벗다) put away (치우다)
write down it (X)	turn on (켜다) turn off (끄다) turn out (모습을 드러내다) turn in (제출하다)

---

3   Keeping a diary of things that they appreciate / reminds them of the progress / they made that day / in any aspect of their lives.

해석확인   감사하는 일들에 대해 일기를 쓰는 것은 /   / 그들이 그 날 이룬 / 삶의
어떠한 측면에서든.

구문분석
주어 찾기

Keeping a diary of things that they appreciate reminds them of the progress they made that day in
           주어   동사(remind A of B: A로 하여금 B를 상기시키다)
any aspect of their lives.

동명사 Keeping 이하가 문장의 주어로 관계대명사절이 포함되어 더 길어진 것에 유의한다.

---

1 많은 성공적인 사람들은 취침 전에 하는 좋은 습관을 가지는 경향이 있다.
2 그들은 시간을 가진다 / 잠들기 직전 / 세 가지 일들에 대해 돌아보거나 적어 보는 / 그들이 고마워 할 / 하루 동안에 일어났던.
3 감사하는 일들에 대해 일기를 쓰는 것은 / 그들에게 발전을 떠올리게 한다 / 그들이 그 날 이룬 / 삶의 어떠한 측면에서든.

생각을 되풀이하기 쉬워 쉽게 부정적인 생각에 빠져든다고 바로 추측할 수도 있다.
(C) avoid
성공적인 사람들은 부정적인 자기 대화가 더 많은 스트레스를 유발할 뿐이라는 것을 알기 때문에 그것을 피한다(avoid).

4

It serves as a key way / to stay motivated, / especially when they experience a hardship.

해석확인 그것은 핵심적인 역할을 한다 /   / 특히 그들이 어려움을 겪을 때.

구문분석

분사

It serves as a key way to stay motivated, especially when they experience a hardship.
                  형용사적 용법 (동기를 유지하도록 해 주는)

일반적으로 현재분사, 과거분사는 명사를 수식하는 형용사 역할을 주로 하지만 보어로도 쓰인다.

명사 수식	a sleeping baby (자는 아기) a used car (중고차)
형용사 보어	I felt scared. (나는 무서웠다.)

5

In such case, / many people fall easily into the trap / of replaying negative situations from a hard day.

해석확인 그러한 경우, /   / 힘든 하루로부터 오는 부정적인 장면들을 되풀이해 떠올리는.

구문분석

전치사구의 역할

In such case, many people fall easily into the trap of replaying negative situations from a hard day.
                  동사+전치사의 동사구

전치사구는 부사처럼 쓰이지만 명사를 수식하는 형용사 역할도 한다.

형용사 역할	a clock on the wall (벽에 있는 시계)
부사 역할	go there on business (사업상 그곳에 가다)

6

But regardless of how badly their day went, / successful people typically avoid that trap of negative self-talk. //
That is because they know it will only create more stress.

해석확인 그러나 그 날 하루가 얼마나 힘들었는지 관계없이, / 성공적인 사람들은 대개   . // 왜냐하면 그것이 더 많은 스트레스를 유발할 뿐이라는 것을 그들이 알기 때문이다.

구문분석

삽입어구

That is because they know it will only create more stress.
                삽입어구

삽입어구는 일반적으로 관용어구, in general, in fact 등이 있고 you know, I think처럼 〈주어+동사〉로 삽입되는 경우도 있다.

---

4 그것은 핵심적인 역할을 한다 / 동기를 유지하도록 해 주는 / 특히 그들이 어려움을 겪을 때.

5 그러한 경우, / 많은 사람들은 덫에 쉽게 빠진다 / 힘든 하루로부터 오는 부정적인 장면들을 되풀이해 떠올리는.

6 그러나 그 날 하루가 얼마나 힘들었는지 관계없이, / 성공적인 사람들은 대개 부정적인 자기 대화의 덫을 피한다. //
왜냐하면 그것이 더 많은 스트레스를 유발할 뿐이라는 것을 그들이 알기 때문이다.

Step 3 수능 **필수 구문** O, X 로 복습하기

구문 포인트 ❶

동사의 특징

Many successful people tend to <u>keep</u> a good bedtime routine.
[유지하다 / 경향이 있다]

(O 유지하다)

(X 경향이 있다)

keep 동사는 의미가 쓰임에 따라 다르기 때문에 주의한다.

동사 keep은 뒤에 따라오는 단어에 따라 의미를 파악한다.

명사	Keep it. (보관해둬.) → 간직하다, 유지하다
-ing	Keep going. (계속 해.) → 계속 ~하다

구문 포인트 ❷

수일치

Keeping a diary of things that they appreciate **[remind / reminds]** them of the progress they made that day in any aspect of their lives.

(O **reminds**)

(X **remind**)

동명사 keeping~가 주어이므로 그에 맞게 동사에 수일치시킨다.

주어의 수에 따라 동사를 맞추는 수일치는 주어의 단, 복수형을 알아야 동사의 단수나 복수형으로 일치시킬 수 있다.

동사 단수형	He **talks** about animals.
	He **doesn't talk** about animals.
동사 복수형	They **talk** about animals.
	They **don't talk** about animals.

구문 포인트 ❸

분사의 형태

It serves as a key way to stay **[motivating / motivated]**, especially when they experience a hardship.

(O **motivated**)

(X **motivating**)

motivate는 '동기를 주다'는 의미로 '동기를 받는' 의미일 때는 수동의 과거분사로 쓴다.

동사를 적절한 분사형태로 바꿔 쓸 때는 수식하는 명사의 의미를 먼저 확인해야 한다.

능동	a sleeping baby (자고 있는)
수동	a broken window ((누군가에 의해) 깨진)

본문 단어
check up

routine	일상, 습관	aspect	측면
reflect on	~을 돌아보다	hardship	어려움
appreciate	감사하다	trap	덫
remind	상기시키다	negative	부정적인
progress	진행	typically	전형적으로

제한시간 50초 에 문제를 풀고
Step 2에서 문장분석을 확인하세요.

Step 1 진짜 수능 문제 풀어보기

When Susan was a young girl, her teacher Ms. Ashley used to encourage ① her students to drink glass after glass of milk. Somehow, she had developed the idea that milk improved one's intellect. For ② her, there was nothing more precious than intelligence. On occasion, Susan would ask ③ her directly, "What's intelligence?" Each time, ④ she would offer a different response: "Intelligence is a baby's first words," "Intelligence is yellow," or "Intelligence is the joke Tom made in math class this morning." The responses would drive ⑤ her crazy, and now, some thirty years later, she finds it interesting to consider why Ms. Ashley did so.

● 학력평가 2014(6월)

Q 밑줄 친 부분이 가리키는 대상이 나머지 넷과 다른 것은?

정답 및 해설

08 지칭 지능에 대한 선생님의 정의 답⑤

밑줄 친 대명사가 Susan인지 Ashley 선생님인지 구별한다.
지능에 대한 Susan의 질문에 Ashley 선생님이 말한 답들이 나오므로 앞부분은 모두 Ashley 선생님을 가리키고, 마지막만 Susan을 대신하고 있다.

1

When Susan was a young girl, / her teacher Ms. Ashley used to encourage her students / to drink glass after glass of milk.

해석확인
Susan이 어린 소녀였을 때 / 그녀의 선생님인 ⬛⬛⬛⬛⬛⬛⬛⬛⬛⬛⬛⬛⬛⬛⬛ / 우유를 계속 마시라고.

구문분석
동사의 특징

her teacher Ms. Ashley used to encourage her students to drink glass after glass of milk.
주어 ／ 동사 ／ 목적어 ／ 목적보어(to부정사)

조동사 used to(~하곤 했다)가 포함된 encourage가 이 문장의 동사구이다. encourage는 목적보어로 to부정사가 온다는 것에 주의한다.

| 목적보어로 to부정사를 취하는 동사 | want, tell, allow, advise, ask, expect+목적어+to부정사 I **want** you **to come** home early. (나는 네가 일찍 집에 왔으면 한다.) |
| | enable, get, force, order+목적어+to부정사 Cars **enable** people **to travel** easily. (차가 사람들이 더 쉽게 여행할 수 있게 한다.) |

2

Somehow, she had developed the idea / that milk improved one's intellect.

해석확인
왜 그런지 그녀는 그 생각을 전개시켰다 / ⬛⬛⬛⬛⬛⬛⬛⬛⬛⬛⬛.

구문분석
동격

Somehow, she had developed the idea that milk improved one's intellect.
동격(목적어)

idea, fact, belief 다음의 that은 대부분 동격을 나타내어 생각, 사실, 믿음에 대해 구체적으로 설명한다.

3

For her, there was nothing more precious / than intelligence.

해석확인
⬛⬛⬛⬛⬛⬛⬛⬛⬛⬛⬛ / 지능보다.

구문분석
형용사의 위치

For her, there was nothing more precious than intelligence.
명사 수식

일반적으로 형용사는 명사 앞에 오지만 something, anything, nothing 등은 〈-thing+형용사〉로 쓴다.

형용사+명사	대부분 명사 앞: a red apple
명사+형용사	형용사가 구로 길어진 경우: breakfast ready for you
	-thing 다음에 위치: something cold

1 Susan이 어린 소녀였을 때 / 그녀의 선생님인 Ashley 선생님은 그녀의 학생들을 독려하곤 했다 / 우유를 계속 마시라고.
2 왜 그런지 그녀는 그 생각을 전개시켰다 / 우유가 사람의 지능을 높인다는.
3 그녀에게 더 소중한 것은 아무것도 없었다 / 지능보다.

지칭 추론은 각각의 대명사가 누구를 지칭하는지 꼼꼼히 파악하며 읽어야 한다.
그러기 위해서는 글의 등장인물을 먼저 파악하는 것도 좋은 방법이다.

정답률	문항별 선택률				
63%	① 5%	② 14%	③ 10%	④ 8%	⑤ 63%

4

On occasion, / Susan would ask her directly, / "What's intelligence?"

해석확인 가끔 /   / "지능이 뭐예요?"라고.

구문분석

과거 습관 조동사

On occasion, Susan would ask her directly, "What's intelligence?"
                조동사(과거 습관)

과거 습관을 나타내는 조동사로는 used to와 would가 있다. used to는 '~하곤 했다'는 과거의 규칙 또는 '~이었다'는 과거의 상태를 나타낸다. would로 과거의 상태는 나타낼 수 없다.

과거 반복했던 행동(습관)	We **used to(would)** go to the beach every summer. (가곤 했다)
과거의 상태	He **used to** live in England. (살았었다) ← would (X)

5

Each time, she would offer a different response: / "Intelligence is a baby's first words," / "Intelligence is yellow," / or "Intelligence is the joke / Tom made in math class this morning."

해석확인 매번 그녀는 다른 대답을 하곤 했다 / "지능은 아기가 하는 첫 번째 말이다" / "지능은 노란색이다" /   / 오늘 아침에 Tom이 수학 시간에 한."

구문분석

병렬구조

"Intelligence is a baby's first words," "Intelligence is yellow," or "Intelligence is the joke (that) Tom
                                      등위접속사   관계대명사절
made in math class this morning."

같은 구조의 문장들이 등위접속사 or에 의해 병렬구조를 이루고 있다.

6

The responses would drive her crazy, / and now, some thirty years later, / she finds it interesting / to consider why Ms. Ashley did so.

해석확인 그 대답들은 그녀를 미치게 만들었다 / 그리고 지금 약 30년이 지나서 / 그녀는 재미있다고 생각한다 /   .

구문분석

동사의 특징

The responses would drive her crazy, and now, some thirty years later, she finds it interesting
               동사+목적어+목적보어

to consider why Ms. Ashley did so.
동사+가목적어+목적보어+진목적어

동사 drive, find는 〈목적어+목적보어〉를 갖는 5형식 동사인데, 여기에서는 목적보어로 형용사 crazy, interesting이 왔다. 다만 find의 목적어가 길어서 가목적어 it을 대신 쓰고 진목적어를 목적보어 다음에 두고 있다.

---

4 가끔 / Susan은 직접적으로 그녀에게 묻곤 했다 / "지능이 뭐예요?"라고.
5 매번 그녀는 다른 대답을 하곤 했다 / "지능은 아기가 하는 첫 번째 말이다" / " 지능은 노란색이다" / 혹은 "지능은 농담이다 / 오늘 아침에 Tom이 수학 시간에 한."
6 그 대답들은 그녀를 미치게 만들었다 / 그리고 지금 약 30년이 지나서 / 그녀는 재미있다고 생각한다 / 왜 Ashley 선생님이 그렇게 했는지를 생각하는 것이.

Step 3 수능 **필수 구문** O, X로 복습하기

구문 포인트 ❶

동사의
특징

When Susan was a young girl, her teacher Ms. Ashley used to encourage her students **[drink / to drink]** glass after glass of milk.

(○ **to drink**)

(X **drink**)

encourage는 목적어와 목적보어를 갖는 동사로, 목적보어로는 to부정사가 오다.

목적보어로는 형용사, 명사, 동사원형, to부정사 등이 오기 때문에 동사에 따라 목적보어의 형태를 선택한다.

형용사	She makes me **happy**.
동사원형	She makes me **clean the room**.
to부정사	She wants me **to help her**.

구문 포인트 ❷

형용사의
위치

For her, there was **[nothing more precious / more precious nothing]** than intelligence.

(○ **nothing more precious**)

(X **more precious nothing**)

-thing을 수식하는 형용사는 뒤에 오기 때문에 nothing more precious로 써야 한다.

형용사는 대부분 명사 앞에 쓰이지만 형용사구가 되거나 –thing 등을 수식할 때는 뒤에 온다.

형용사+명사: She is a **pretty girl**.
명사+형용사: Have you heard **anything interesting**?

구문 포인트 ❸

5형식
문장

The responses would drive her crazy, and now, some thirty years later, she finds it interesting **[consider / to consider]** why Ms. Ashley did so.

(○ **to consider**)

(X **consider**)

목적보어는 interesting으로, 가목적어 it의 진짜 목적어가 와야 하므로 to부정사를 써야 한다.

가목적어는 5형식 문장에 나오는 것으로, 진목적어로는 to부정사나 that절 등이 온다.

I think it strange that he was late .
주어 동사 가목적어 목적보어   진목적어

본문 단어
check up

encourage	독려하다, 격려하다	intelligence	지능
develop	발전시키다	on occasion	가끔
improve	개선하다	response	대답
intellect	지적 능력	joke	농담
precious	소중한	consider	고찰하다

제한시간 **60초** 에 문제를 풀고
Step 2에서 문장분석을 확인하세요.

Step 1 진짜 **수능** 문제 풀어보기

A mother wanted to get some rest after a hard day. However, her daughter wanted her to read a story. "Give mommy a few minutes to relax. Then, I'll read you a story," ①she said. But, the girl kept asking ②her to read now. Then, the clever mother tore out a page of a magazine, which contained a picture of the world. Tearing it into pieces, ③she asked her daughter to put the picture together and then she would read her a story. A short time later, the daughter completed the puzzle. That made the mother astonished because she expected her daughter to take long. "How could you do it so quickly?" she asked. Then, ④she explained to ⑤her that on the back of the page was a picture of a girl. "When I got the little girl together, the whole world came together." ● 학력평가 2012(9월) 응용

Q 밑줄 친 she[her]가 가리키는 대상이 나머지 넷과 <u>다른</u> 것은?

Step 2 문장 집중분석

 정답 및 해설

09 지칭 아이의 퍼즐 맞추기 비법 **답 ④**

등장인물로 엄마와 딸이 등장하므로 글의 흐름에 맞게 대상을 파악한다.
앞부분은 엄마가 말하고, 엄마가 딸에게 부탁을 받는 흐름으로 ①~③, ⑤는 엄마를 가리키고 ④만 딸을 가리킨다.

1

A mother wanted to get some rest / after a hard day. //
However, her daughter wanted her to read a story.

해석확인 한 엄마가 약간의 휴식을 취하기를 원했다 / 힘든 하루를 보낸 후. // 그러나 ▨▨▨▨▨▨▨▨▨▨▨▨▨▨▨▨▨▨▨▨.

구문분석
동사의 특징

A mother wanted to get some rest after a hard day. However, her daughter wanted her to read a
　　　　　　동사+목적어(to부정사)　　　　　　　　　　　　　　　　　　　　　　　　동사+목적어+목적보어(to부정사)

story.
▨▨▨

want가 3형식일 때는 목적어로 to부정사가 오지만 5형식일 때는 목적보어로 to부정사가 온다.

2

"Give mommy a few minutes / to relax. //
Then, I'll read you a story," / she said.

해석확인 "▨▨▨▨▨▨▨▨▨▨▨▨▨▨▨ / 쉴. // 그리고 난 다음에 이야기를 읽어줄게." / 라고 그녀는 말했다.

구문분석
4형식 동사

Give mommy a few minutes to relax. Then, I'll read you a story.
동사　간접목적어　직접목적어　　　　　　　　　　동사+간접목적어+직접목적어

동사 give, read 모두 목적어가 2개인 수여동사로, 〈동사+직접목적어+to+간접목적어〉의 3형식 문장으로 바꿔 쓸 수 있다.
Then, I'll read you a story. (4형식)

Then, I'll read a story to you. (3형식)

3

But, the girl kept asking her to read now. // Then, the clever mother tore out
a page of a magazine, / which contained a picture of the world.

해석확인 그러나 그 여자아이는 지금 읽어달라고 계속해서 그녀에게 부탁했다. // 그 때 그 현명한 엄마는 잡지의 한 페이지를 뜯어냈다 / ▨▨▨▨▨▨▨▨▨▨▨▨▨▨▨.

구문분석
관계 대명사

But, the girl kept asking her to read now. Then, the clever mother tore out a page of a magazine,
　　　　　　　　keep + -ing: 계속 ~하다

which contained a picture of the world.
계속적 용법(=and it)

관계대명사 앞에 콤마(,)가 있으면 계속적 용법으로, 〈접속사(and/ but)+it〉으로 해석한다.

---

1 한 엄마가 약간의 휴식을 취하기를 원했다 / 힘든 하루를 보낸 후. // 그러나 그녀의 딸은 그녀가 이야기를 읽어주기를 바랐다.
2 "엄마에게 몇 분을 주렴 / 쉴. // 그리고 난 다음에 이야기를 읽어줄게." 라고 그녀는 말했다.
3 그러나 그 여자아이는 지금 읽어달라고 계속해서 그녀에게 부탁했다. // 그 때 그 현명한 엄마는 잡지의 한 페이지를 뜯어냈다 /
세계를 그린 그림이 있는.

지칭추론 문제는 대명사가 가리키는 대상을 파악하는 것이기 때문에 대명사의 수,
성별에 유의하여 he, she, it, they로 쓰인 것을 찾는다.

정답률	문항별 선택률				
66%	① 11%	② 7%	③ 7.2%	④ 66%	⑤ 8.8%

4

Tearing it into pieces, / she asked her daughter to put the picture together /
and then she would read her a story.

해석확인   / 그녀는 딸에게 그 그림을 맞추라고 했고, / 그런 후에 그녀에게 이야기를 읽어줄 참이었다.

구문분석

동사의 특징

Tearing it into pieces, she asked her daughter to put the picture together
    분사구문   동사   목적어   목적보어

이 문장에서 Tearing~은 동시상황을 나타내는 분사구문으로 '~하면서'라고 해석한다.
동사 ask는 목적보어로 to부정사를 쓰는 동사로, 목적보어로 to부정사가 오는 대표적인 것으로는 want, allow, force 등이 있다.

5

A short time later, / the daughter completed the puzzle. //
That made the mother astonished / because she expected her daughter to
take long. // "How could you do it so quickly?" she asked.

해석확인 얼마 지나지 않아, / 그 딸은 퍼즐을 완성했다. //   / 그녀는 딸이 오래 걸릴 것이라고 예상했기 때문에. // "어떻게 너는 그렇게 빨리 했니?"라고 그녀가 물었다.

구문분석

동사의 특징

That made the mother astonished / because she expected her daughter to take long.
   동사   목적어   목적보어(형용사)   동사   목적어   목적보어(to부정사)

동사 make, expect는 모두 목적보어가 오는 5형식 동사이지만 목적보어의 형태에 주의해야 한다. make는 목적보어로 형용사, 동사원형이 오고 expect는 항상 to부정사가 온다.

6

Then, she explained to her / that on the back of the page was a picture of a
girl. // "When I got the little girl together, / the whole world came together."

해석확인 그러자 그녀는 그녀(엄마)에게 설명했다 /   . // "제가 그 여자아이 그림을 맞추었을 때, / 그 세계도 맞추어졌어요."

구문분석

도치 구문

                                             동사   주어(도치)
Then, she explained to her that on the back of the page was a picture of a girl.
       동사   목적어(전치사구가 앞으로 나와 도치됨)

explain이 3형식 동사로 쓰여 that절이 목적어절로 온 문장이다. 그런데 that절에서 전치사구 on the back of the page가 앞으로 나와 주어와 동사가 도치되었다.

---

4 그것을 조각으로 찢으면서 / 그녀는 딸에게 그 그림을 맞추라고 했고, / 그런 후에 그녀에게 이야기를 읽어줄 참이었다.

5 얼마 지나지 않아, / 그 딸은 퍼즐을 완성했다. // 그것은 엄마를 놀라게 했다 / 그녀는 딸이 오래 걸릴 것이라고 예상했기 때문에. // "어떻게 너는 그렇게 빨리 했니?"라고 그녀가 물었다.

6 그러자 그녀는 그녀(엄마)에게 설명했다 / 그 종이 뒷면에 한 소녀의 그림이 있었다고. // "제가 그 여자아이 그림을 맞추었을 때, / 그 세계도 맞추어졌어요."

Step 3 수능 **필수 구문** O, X로 복습하기

구문 포인트 ❶

동사의
특징 1

A mother wanted to get some rest after a hard day. However, her daughter wanted her **[read / to read]** a story.

(O **to read**)

(X **read**)

want는 목적어로 to부정사를 쓰지만 목적보어도 to부정사를 쓰는 것에 주의한다.

want, wish, hope는 모두 '~를 원하다'는 의미로, to부정사를 목적어 또는 목적보어로 취하는 동사이다. 다만 hope는 5형식으로 쓸 수 없다.

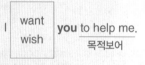

~~I hope you to help me.~~

구문 포인트 ❷

동사의
특징 2

Tearing it into pieces, she asked her daughter **[put / to put]** the picture together and then she would read **[her a story / a story her]**.

(O **to put / her a story**)

(X **put / a story her**)

ask는 목적보어로 to부정사가 오고, read는 '~에게 ~을 읽어주다'라는 뜻의 4형식 동사로 쓰였다.

• to부정사를 목적보어로 쓰는 동사

ask
tell	+ 목적어 + 목적보어(to부정사)
expect

• 간접목적어, 직접목적어를 쓰는 동사

give
read	+ 간접목적어 + 직접목적어

구문 포인트 ❸

동사의
특징 3

That made the mother **[astonishing / astonished]** because she expected her daughter **[take / to take]** long.

(O **astonished / to take**)

(X **astonishing / take**)

make 동사는 목적보어로 -ing나 -ed가 올 수 있는데 여기서는 '엄마가 놀랐다'는 의미이므로 -ed가 와야 한다. expect는 항상 to부정사가 목적보어로 오다.

make 동사를 정리해보자.

3형식		He made **his own table**.	(~을 만들다)
4형식		He made **me a table**.	(~에게 ~을 만들어주다)
5형식 (목적보어)	형용사	It made **him happy**.	(~를 ~하게 만들다)
	분사	It made **him surprised**.	
	동사원형	She made **him laugh**.	

본문 단어
check up

hard	힘든	magazine	잡지
relax	쉬다	contain	~이 들어 있다
keep -ing	~을 계속하다	complete	완성하다
clever	영리한	astonished	깜짝 놀란
tear out	~을 찢다	explain	설명하다

UNIT
4

-------------------- 처음 만나는 수능 유형 --------------------

10~12

수능 유형	수능 어법
	수동태 / 수일치
10 문법성 판단 1	• 수동태
11 문법성 판단 2	• 여러 가지 수동태
12 문법성 판단 3	• 능동 · 수동, 수일치

10~12

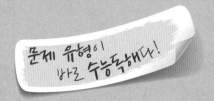

유형 소개

문법성 판단은 다섯 개의 밑줄 친 표현 중 틀린 것을 고르거나 네모 안에 주어진 표현 중 알맞은 것을 고르는 유형으로 출제된다. 매년 1문항씩 출제되고 있다.

문법성 판단 1   밑줄 친 다섯 개의 어법

다음 글의 밑줄 친 부분 중, 어법상 틀린 것은?

Reality TV programs are products, just like T-shirts or coffee, and consumers can't seem to turn them off. But why do consumers keep ①watching them...

문법성 판단 2   네모 안에 주어진 어법

(A), (B), (C)의 각 네모 안에서 문맥에 맞는 표현으로 적절한 것은?

A dilemma tale is an African story form that ends with a question. The question asks the listeners (A) choosing/ to choose ...

유형 해결 전략

1 주요 빈출 문법 사항 정리하기

주요 문법들이 계속 반복해서 나오기 때문에 자주 출제되는 문법들을 정리한다. 자주 출제되는 문법으로는 주어, 동사의 수일치, 병렬, 태, 분사(구문), to부정사, 동명사, 목적어의 형태, 접속사, 관계사 등이 있다.

2 문장의 기본 구성 요소인 주어, 동사를 기준으로 파악하기

길어진 주어를 찾거나 동사의 태를 살펴본다. 그리고 동사에 따른 목적어의 형태나 전치사구에도 주의한다. 단어나 구, 문장을 연결하는 접속사의 여부에 따라 분사로 쓸지도 판단한다.

다음 글의 밑줄 친 부분 중, 어법상 틀린 것은?

It's important to remember that good decisions can still lead to bad outcomes. Here is an example. Soon after I got out of school, I ①was offered a job. I wasn't sure that was a great fit for me. After carefully considering the opportunity, I decided to ②turn it down. I thought that I would be able to find another job ③what was a better match. Unfortunately, the economy soon grew worse quickly and I spent months ④looking for another job. I kicked myself for ⑤not taking that position, which started to look more and more appealing. I had made a good decision, based upon all the information I had at the time, but in the short run it didn't lead to a great outcome.

문법성 판단

STEP 1 주요 문법 확인

① 일자리를 '제공받다'라는 수동의 의미이므로 수동태로 쓴다.

② turn down은 〈동사+부사〉의 동사구로, 목적어가 대명사인 경우 turn it down처럼 동사와 부사 사이에 꼭 위치해야 한다.

④ 이 문장의 동사 spend는 〈spend+시간+ -ing〉로 쓰기 때문에 looking이 알맞다.

⑤ 전치사 for의 목적어로 동명사 taking이 온 것으로, 동명사를 부정할 때는 동명사 앞에 not을 쓴다.

STEP 2 문법적 오류

③ 관계대명사 what은 선행사를 포함하여 what절 자체가 주어, 보어, 목적어 역할을 한다. 그런데 여기에서는 동사 find의 목적어로 another job이 있으므로, what이 아니라 which나 that을 써서 another job을 수식하게 해야 한다.

Step 1 진짜 **수능** 문제 풀어보기

A lot of customers buy products only after they are made aware that the products are available in the market. Let's say a product, even if it has been out there for a while, is not (A)advertising / advertised. Then what might happen? Not knowing that the product exists, customers would probably not buy it even if the product may have worked for (B)it / them. Advertising also helps people find the best for themselves. When they are made aware of a whole range of goods, they are able to compare them and make purchases so that they get (C)that / what they desire with their hard-earned money. Thus, advertising has become a necessity in everybody's daily life.

학력평가 2016(6월)

Q (A), (B), (C)의 각 네모 안에서 어법에 맞는 표현으로 가장 적절한 것은? [3점]

	(A)		(B)		(C)
①	advertising	—	it	—	that
②	advertising	—	them	—	what
③	advertised	—	them	—	what
④	advertised	—	it	—	what
⑤	advertised	—	them	—	that

10 어법 광고와 상품 구입의 연관성 답③

(A) advertised
상품은 광고되어야 하므로 (A)에는 수동의 의미인 advertised가 온다.
(B) them
제품이 누구에게 유용한가에 대한 내용이므로 소비자들을 의미하는 customers가 적절하다. 따라서

1

A lot of customers buy products / only after they are made aware / that the products are available in the market.

[해석확인] 많은 소비자들은 상품을 구매한다 / ▨▨▨▨▨▨▨▨▨▨▨ / 상품이 시장에서 구입 가능하다는 것을.

[구문분석]
수동태

A lot of customers buy products only after they are made aware that the products are available
　　　　　　　　　　　　　　　　　　　　　　5형식 수동태

are made aware는 5형식 수동태로 일반적으로 〈주어+be+p.p.+목적보어〉의 형태로 쓴다. 그리고 aware 뒤의 that절이 보어로 연결되어 길어졌다.

수동태	Someone solved the problem.	The problem **was solved**.
5형식 수동태	Someone found the problem easy.	The problem **was found easy**.

2

Let's say / a product, / even if it has been out there for a while, / is not advertised.

[해석확인] 가정해보자 / 어떤 상품이 / 시장에 출시된 이후에도 한동안 / ▨▨▨▨▨▨▨▨▨.

[구문분석]
수동태 부정문

Let's say a product, even if it has been out there for a while, is not advertised.
　　　　　 주어　　　　　　　　　　　　　　　　　　　　　　　수동태(be+p.p.)의 부정문

'광고되지 않는다'는 수동의 부정 의미로 even if(~에도 불구하고)가 이끄는 양보 부사절이 삽입되어 주어 a product와 떨어지게 된 것이다.

수동태 (be+not+p.p.) 부정문	All money **is not spent by** him.

3

Then what might happen? // Not knowing that the product exists, / customers would probably not buy it / even if the product may have worked for them.

[해석확인] 그렇다면 어떤 일이 일어날까? // ▨▨▨▨▨▨▨▨▨▨▨▨▨, / 소비자들은 아마도 사지 않을 것이다 / 그 제품이 그들에게 유용하더라도.

[구문분석]
분사구문

Not knowing that the product exists, customers would probably not buy it
분사구문의 부정문(~하지 않는다면)

일반적으로 콤마를 동반하는 현재분사, 과거분사는 분사구문으로 부사절처럼 해석한다.

이유, 시간	Playing basketball, he hurt himself. (농구를 할 때 그는 다쳤다.) Having no money, I can't buy it. (돈이 없어서 그것을 못 샀다.)
조건, 양보	Weather being fine, I don't go out. (날씨가 좋아도 나는 안 나간다.)
동시동작	Watching TV, I was asleep. (TV를 보면서 잠을 들었다.)

---

1 많은 소비자들은 상품을 구매한다 / 그들이 알게 된 후에야 / 상품이 시장에서 구입 가능하다는 것을.
2 가정해보자 / 어떤 상품이 / 시장에 출시된 이후에도 한동안 / 광고가 되지 않는다고.
3 그렇다면 어떤 일이 일어날까? // 상품이 존재한다는 것을 알지 못해서, / 소비자들은 아마도 사지 않을 것이다 / 그 제품이 그들에게 유용하더라도.

customers와 수의 일치를 이루는 복수형태가 와야 하
므로 them을 쓴다.
(C) what
(C)에는 선행사를 포함하는 관계대명사이면서 desire
의 목적어 역할을 하는 what이 적절하다.

유형 분석 및 선택률 확인

어법 문제는 문법 기본 사항뿐만 아니라 자주 출제되는 수동, 접속사, 수일치 등의
어법들을 정리해 둬야 한다.

정답률	문항별 선택률				
64%	① 4%	② 9%	③ 64%	④ 7%	⑤ 16%

4 Advertising also helps people find the best for themselves.

해석확인 광고는 또한 사람들이 그들에게 최적의 상품을 찾을 수 있게 해준다.

구문분석
5형식

Advertising also helps people find the best for themselves.
     help+목적어+(to)동사원형

동사 help의 목적어 다음에 목적보어로 to부정사나 동사원형이 온다.

5 When they are made aware of a whole range of goods, / they are able to compare them and make purchases / so that they get what they desire / with their hard-earned money.

해석확인 사람들은 전체 범위의 상품들을 알게 되었을 때, / 상품을 비교해서 구매할 수 있다 /
                           / 힘들게 번 돈으로.

구문분석
so that 구문

When they are made aware of a whole range of goods, they are able to compare them and
            5형식 수동태

make purchases so that they get what they desire / with their hard-earned money.
           목적(~하기 위해서)   관계대명사 what절(목적어 역할)

so that은 목적을 나타내는 접속사이고 are made aware는 5형식 수동태로 of 이하는 aware에 연결된다.

6 Thus, advertising has become a necessity / in everybody's daily life.

해석확인 그래서 광고는 필수적인 것이 되었다 / 모든 사람들의 일상생활에서.

구문분석
수일치

Thus, advertising has become a necessity in everybody's daily life.
         수일치

주어 advertising이 동명사로 단수 취급하여 동사도 has로 단수를 쓴다.
주어, 동사의 수일치는 현재시제에서 주어가 단수이면 동사도 단수형인 -(e)s를 쓰고 주어가 복수이면 동사는 그대로 쓴다.

she, he, it 주어	She **goes** to church.
단수 명사 주어	The rose **blooms** from May.
동명사 주어	Making trouble **is** her fault.

4 광고는 또한 사람들이 그들에게 최적의 상품을 찾을 수 있게 해준다.
5 사람들은 전체 범위의 상품들을 알게 되었을 때, / 상품을 비교해서 구매할 수 있다 / 그들은 원하는 것을 얻기 위해 / 힘들게 번 돈으로.
6 그래서 광고는 필수적인 것이 되었다 / 모든 사람들의 일상생활에서.

Step 3 수능 **필수 구문** O, X로 복습하기

구문 포인트 ❶

5형식
수동태

A lot of customers buy products only after they **[make / are made]** aware that the products are available in the market.

(O **are made**)

(X **make**)

they는 customers로 '알게 되다'
라는 수동태 의미가 적절하다.

수동태는 어떤 일이 벌어졌는지가 중요하고 능동은 누가 그 일을 했는지가 중요한 것이다.

	능동태	수동태
3형식	She **wrote** the book in English.	The book **was written** in English by her.
5형식	She **called** him Piggy.	He **was called** Piggy by her.

구문 포인트 ❷

수동태
기타

When they are made aware **[of / that]** a whole range of goods, they are able to compare them and make purchases.

(O **of**)

(X **that**)

5형식 수동태로 aware와 연결되는
것은 that 또는 of가 오는데 명사가
있기 때문에 of를 쓴다.

are made aware는 5형식 수동태로 of 이하는 aware에 연결된다. that 다음에는 주어, 동사가 따라온다.

Early in life I was made **aware that I was different**.

구문 포인트 ❸

수동태
부정문

Let's say a product, even if it has been out there for a while, **[does not / is not]** advertised.

(O **is not**)

(X **does not**)

'광고되지 않는다'는 수동의 부정
의미로 is not으로 쓴다.

수동태의 부정문은 〈be+not+p.p.〉로 쓴다.

부정문	She **didn't do** that work.
수동태 부정문	That work **was not done** by her.

본문 단어
check up

customer	소비자	for oneself	스스로
aware	알고 있는	a whole range of	모든 범위의 ~
available	가능한	purchase	구입
product	제품	desire	욕망하다
probably	아마도	hard-earned	어렵게 번

제한시간 60초 에 문제를 풀고
Step 2에서 문장분석을 확인하세요.

Step 1 진짜 **수능** 문제 풀어보기

There have been occasions ① in which you have observed a smile and you could sense it was not genuine. The most obvious way of identifying a genuine smile from an insincere ② one is that a fake smile primarily only affects the lower half of the face, mainly with the mouth alone. The eyes don't really get involved. Take the opportunity to look in the mirror and manufacture a smile ③ using the lower half your face only. When you do this, judge ④ how happy your face really looks — is it genuine? A genuine smile will impact on the muscles and wrinkles around the eyes and less noticeably, the skin between the eyebrow and upper eyelid ⑤ are lowered slightly with true enjoyment. The genuine smile can impact on the entire face.

● 학력평가 2021(6월)

Q 위 글의 밑줄 친 부분 중, 어법상 **틀린** 것은? [3점]

Step 2 문장 집중분석

정답 및 해설

11 어법 진짜 웃음과 가짜 웃음의 차이 답 ⑤

주어와 동사를 파악한 후, 능동/수동, 수일치에 주의한다.
⑤ 주어는 the skin이므로 단수로 수일치 해야 한다.
'피부가 내려진다'는 수동태 의미에 맞게 are를 is로 고쳐 is lowered라고 써야 올바른 표현이다.

---

1 There have been occasions / in which you have observed a smile / and you could sense it was not genuine.

해석확인 경우들이 있다 / ▨▨▨▨▨▨▨▨▨▨▨ / 그것이 진짜가 아니었음을 느낄 수 있었던.

구문분석
관계대명사

There **have been** occasions [in which you **have observed** a smile and you could sense it was
　　　동사　　　주어　　　　전치사+관계대명사

not genuine].

in which가 이끄는 관계대명사절이 앞의 명사(선행사) occasions를 수식하고 있다. 〈전치사+관계대명사〉 뒤에는 완전한 절이 오며, 이때 in which는 시간(때)을 나타내므로 관계부사 when으로 바꾸어 쓸 수 있다.
There are occasions in which(=when) mistakes are made. (실수가 만들어지는 경우들이 있다.)

---

2 The most obvious way / of identifying a genuine smile from an insincere one / is that a fake smile primarily only affects the lower half of the face, / mainly with the mouth alone.

해석확인 가장 명확한 방법은 / ▨▨▨▨▨▨▨▨▨▨▨ / 가짜 미소는 무엇보다도 얼굴의 아래쪽 절반에만 영향을 미친다는 것이다 / 주로 입에만.

구문분석
동명사

The most obvious way of identifying a genuine smile from an insincere one is
　　　　　　　　　　　　동명사

[that a fake smile primarily only affects the lower half of the face]
　be동사의 보어인 명사절(that절)

전치사 of의 목적어로 동명사구가 왔다. 〈way of+동명사〉 / 〈way+to부정사〉는 둘 다 '~하는 방법'이라는 의미이다.

---

3 The eyes don't really get involved.

해석확인 눈은 ▨▨▨▨▨▨▨▨▨▨.

구문분석
get 수동태

The eyes don't really get involved.
　　　　　　　　수동태(get+p.p.)

〈be+p.p.〉가 수동태의 일반적 구조이지만, be동사 대신 get을 쓰기도 한다. get 수동태는 주로 동작이나 변화를 나타낸다.

| 동작 | The door gets closed at 12. (그 문은 12시에 닫힌다.) |
| 변화 | Pam got promoted to copywriter. (Pam은 카피라이터로 승진되었다.) |

---

1 경우들이 있다 / 당신이 미소를 관찰했는데 / 그것이 진짜가 아니었음을 느낄 수 있었던.
2 가장 명확한 방법은 / 진짜 미소와 진실하지 못한 미소를 알아보는 / 가짜 미소는 무엇보다도 얼굴의 아래쪽 절반에만 영향을 미친다는 것이다 / 주로 입에만.
3 눈은 실제로 관련되지 않는다.

오답 정리

① in which는 〈전치사+관계대명사〉이다. 뒤가 완전한 절이며 선행사 occasions를 수식하므로 적절하다.
② one은 명사 smile을 받는 대명사로 단수로 쓴다.
③ using은 능동의 의미로 쓰인 분사구문이다.
④ how는 동사 judge의 목적어절을 이끄는 의문사이다. 〈how+형용사〉의 형태로 완전한 절을 이끈다.

유형 분석 및 선택률 확인

어법 문제로 많이 나오는 문법 사항으로는 분사, 분사구문, 수일치, 병렬 구조, 부정사, 동명사, 접속사 등이 있으며 관계사도 자주 나온다.

정답률	문항별 선택률				
56.5%	① 9.1%	② 6.2%	③ 17.2%	④ 11.0%	⑤ 56.5%

4 Take the opportunity to look in the mirror / and manufacture a smile / using the lower half your face only.

해석확인 거울을 볼 기회를 잡아라 / 그리고 미소를 지어봐라 / ▨▨▨▨▨▨▨▨▨▨▨▨▨▨▨▨▨.

구문분석

Take the opportunity to look in the mirror and manufacture a smile using the lower half your
　　　　　　　　　to부정사의 형용사 역할　　　　　　　　　　　　分사구문

face only.

using은 동시동작을 나타내는 분사구문으로 앞에 있는 동사구를 수식하는 부사 역할을 하며, 능동의 의미로 -ing 형태가 쓰였다.

5 When you do this, / judge / how happy your face really looks / — is it genuine?

해석확인 당신이 이렇게 할 때, / 판단해라 / ▨▨▨▨▨▨▨▨▨▨▨▨▨▨▨▨ / 그것은 진짜인가?

구문분석

의문사
how

When you do this, judge [how happy your face really looks]
　　부사절(시간)　　　　　　how절(동사의 목적어)

동사 judge의 목적어로 how가 이끄는 의문사절(명사절)이 왔다. 이 문장에서 의문사 how는 〈how+형용사〉 구조로 '얼마나 ~한지'라는 뜻으로 쓰였다.

6 A genuine smile will impact on the muscles and wrinkles around the eyes / and less noticeably, the skin between the eyebrow and upper eyelid is lowered slightly / with true enjoyment. // The genuine smile can impact on the entire face.

해석확인 진짜 미소는 눈가 근육과 주름에 영향을 줄 것이다 / 그리고 티가 덜 나게, ▨▨▨▨▨▨▨▨ ▨▨▨▨▨▨▨▨ / 진정한 즐거움으로. // 진짜 미소는 얼굴 전체에 영향을 줄 수 있다.

구문분석

수일치

the skin between the eyebrow and upper eyelid is lowered slightly with true enjoyment.
　　　　　전치사구　　　　　　　　　　　　수동태(be+p.p.)

주어가 전치사구의 수식으로 길어졌지만 skin이 단수이므로 동사도 단수로 수일치한다. 수동태의 수일치는 be동사로 나타내며, 여기서 is lowered는 '(피부가) 내려지다'라는 의미이다.

---

4 거울을 볼 기회를 잡아라 / 그리고 미소를 지어봐라 / 당신의 얼굴 아래쪽 절반만을 사용하여.
5 당신이 이렇게 할 때, / 판단해라 / 당신의 얼굴이 실제로 얼마나 행복해 보이는지를 / 그것은 진짜인가?
6 신짜 미소는 눈가 근육과 주름에 영향을 줄 깃이다 / 그리고 티가 덜 나게, 눈썹과 윗눈꺼풀 사이의 피부가 살짝 내려진다 / 진정한 즐거움으로. // 진짜 미소는 얼굴 전체에 영향을 줄 수 있다.

Step 3 수능 **필수 구문** O, X로 복습하기

구문 포인트 ❶

관계대명사

There have been occasions **[which / in which]** you have observed a smile and you could sense it was not genuine.

(O **in which**)

(X **which**)

관계대명사 뒤에 오는 절이 완전한 절이므로, 〈전치사+관계대명사〉의 형태로 앞뒤 문장을 연결한다.

관계대명사가 단독으로 쓰였을 때는 불완전한 절, 〈전치사+관계대명사〉 또는 관계부사 뒤에는 완전한 절이 온다.

Did you see the letter **which came today**?

which+불완전한 절 (주어 x)

It's the box **in which a toy is delivered**.

in which+완전한 절

구문 포인트 ❷

능동, 수동

Take the opportunity to look in the mirror and manufacture a smile **[using / used]** the lower half your face only.

(O **using**)

(X **used**)

내용상 앞 내용을 수식하도록 분사의 형태로 연결되어야 하는데, '사용해서'라는 의미이므로 능동(-ing) 형태를 쓴다.

분사구문은 의미에 따라 능동(-ing) 또는 수동(p.p.)으로 쓸 수 있다.

Walking to the store, he saw a puppy.
(Being) **Surprised** by the police, the thief ran away.

구문 포인트 ❸

수동태의
수일치

A genuine smile will impact on the muscles and wrinkles around the eyes and less noticeably, the skin between the eyebrow and upper eyelid **[is / are]** lowered slightly with true enjoyment.

(O **is**)

(X **are**)

뒤 문장의 주어가 skin으로 단수이므로 동사도 단수로 수일치한다. 전치사구의 수식으로 주어가 길어진 것에 유의한다.

수동태의 수일치는 be동사로 한다.

| 단수 | The child **was raised** by his grandparents. |
| 복수 | The books **are written** in English. |

본문 단어 *check up*	occasion	경우, 때	involve	관련시키다, 참여시키다
	observe	관찰하다	manufacture	짓다, 제조하다
	genuine	진짜의	wrinkle	주름
	identify	확인하다, 알아보다	noticeably	눈에 띄게
	primarily	주로	slightly	살짝, 약간

제한시간 **60초** 에 문제를 풀고
Step 2에서 문장분석을 확인하세요.

Step 1 진짜 **수능** 문제 풀어보기

In some cases two species are so dependent upon each other ① that if one becomes extinct, the other will as well. This nearly happened with trees that ② relied on the now extinct Dodo birds. They once roamed Mauritius, a tropical island ③ situating in the Indian Ocean. However, Dodo birds became extinct during the late 19th century. They were overhunted by humans and other animals. After they ④ disappeared, the Calvaria Tree soon stopped sprouting seeds. Scientists finally concluded that, for the seeds of the Calvaria Tree ⑤ to sprout, they needed to first be digested by the Dodo bird.

● 학력평가 고2 2012(3월)

Q 위 글의 밑줄 친 부분 중, 어법상 **틀린** 것은?

12 어법 상호의존적인 두 개의 종　답③

동사의 능동, 수동 의미에 주의해야 한다.
③ situate는 '~에 위치시키다'라는 뜻의 타동사이기 때문에 '인도양에 있다'라는 의미가 되기 위해서는 과거 분사인 situated를 써야 한다.

1

> In some cases / two species are so dependent upon each other / that if one becomes extinct, / the other will as well.

해석확인 경우에 따라 / 두 개의 종이 매우 상호의존적인 관계라서 / 한 종이 멸종하면 / ▨▨▨▨▨▨▨▨.

구문분석

부정 대명사

two species are so dependent upon each other that if one becomes extinct, the other will as well.
　　　　　　　　　　　　　　　　　　　　　　　　　　　　　둘 중 하나 / 나머지

⟨so ~ that ...(너무 ~해서 …하다)⟩의 구문으로, 두 종을 각각 설명하면서 둘 중 하나는 one, 나머지는 the other로 각각 부정대명사를 쓰고 있다.

2

> This nearly happened with trees / that relied on the now extinct Dodo birds.

해석확인 이러한 현상이 나무에게 거의 일어날 뻔했다 / ▨▨▨▨▨▨▨▨▨▨▨▨.

구문분석

관계 대명사

This nearly happened with trees [that relied on the now extinct Dodo birds].
　　　　　　　　동사　　　전치사구　　　　　　관계대명사절

관계대명사 that절이 앞의 명사(선행사) trees를 수식하고 있다.

3

> They once roamed Mauritius, / a tropical island situated in the Indian Ocean.
> // However, Dodo birds became extinct / during the late 19th century.

해석확인 도도새는 Mauritius에 한 때 돌아다녔다 / ▨▨▨▨▨▨▨▨. // 그러나 이 도도새는 멸종되었다 / 19세기 후반부에.

구문분석

수동

They once roamed Mauritius, a tropical island situated in the Indian Ocean.
　　　　　　　　　　　　　　　　　　　　　　　수동 의미(분사)

동사 situate는 목적어를 필요로 하는 타동사로, '~을 위치시키다'라는 뜻이다. 따라서 뒤에 목적어가 없기 때문에 수동으로 써야 한다.

| 능동 | I see my mom cleaning ~~cleaned~~ the room. (clean 뒤에 목적어가 있음) |
| 수동 | I see my room ~~cleaning~~ cleaned by my mom. (clean 뒤에 목적어가 없음) |

1 경우에 따라 / 두 개의 종이 매우 상호의존적인 관계라서 / 한 종이 멸종하면 / 다른 한 종도 역시 멸종할 수 있다.
2 이러한 현상이 나무에게 거의 일어날 뻔했다 / 현재 멸종해 버린 도도새에 의존했던.
3 그들(도도새)은 Mauritius에 한때 돌아다녔다 / 인도양에 위치한 열대섬인. // 그러나 이 도도새는 멸종되었다 / 19세기 후반부에.

오답 정리

① 〈so ~ that...(너무 ~해서 …하다)〉의 구문이다.
② relied는 관계대명사 that 다음에 쓰인 동사로, rely on은 '~에 의존하다'는 뜻이다.
④ disappeared는 1형식 동사로, 〈주어+동사〉로 쓴다.
⑤ 목적을 나타내는 to부정사로, 앞의 for the seeds of Calvaria Tree가 의미상의 주어이다.

유형 분석 및 선택률 확인

어법 문제에서 능동, 수동의 구별은 동사뿐만 아니라 분사, 분사구문에도 적용되고 목적보어에서도 자주 나오는 문제이므로 제대로 개념과 쓰임을 정리한다.

정답률	문항별 선택률				
59%	① 9%	② 11%	③ 59%	④ 8%	⑤ 13%

4 They were overhunted / by humans and other animals.

해석확인 　　　　　　　　　　　　　　　 / 인간과 다른 동물들에 의해.

구문분석

수동태

They were overhunted by humans and other animals.
　　　　수동태(be+p.p.)

〈be+p.p.〉는 수동태로, 주어가 동사의 행위와 동작을 받거나 당하는 의미로 쓰인다.

수동태를 쓰는 경우	① 주어를 모르거나 중요하지 않을 때 He was elected president in 2002.
	② 주체보다 '무엇'을 강조할 때 The picture was painted by Picasso. (그림이 그려졌다) cf. Picasso painted the picture. (피카소가 그렸다)

5 After they disappeared, / the Calvaria Tree soon stopped sprouting seeds.

해석확인 도도새가 사라진 이후에 / 　　　　　　　　　　　　　　.

구문분석

목적어 형태

After they disappeared, the Calvaria Tree soon stopped sprouting seeds.
　　　　　　　　　　　　　　　　　　　stop+-ing (~하는 것을 멈추다)

〈stop+-ing〉는 '~하는 것을 멈추다'라는 의미이고, 〈stop to부정사〉는 '~하기 위해 멈추다'라는 뜻임에 주의한다.

6 Scientists finally concluded / that, for the seeds of the Calvaria Tree to sprout, / they needed to first be digested / by the Dodo bird.

해석확인 과학자들이 최종적으로 결론 내렸다 / Calvaria 나무의 씨앗이 싹트기 위해서는 / 　　　　　　　　　　　 / 도도새에 의해.

구문분석

to부정사 수동

they needed to first be digested by the Dodo bird
　　　　　　　　to be+p.p.(to부정사의 수동태)

to부정사의 digest는 '~을 소화시키다'라는 뜻의 타동사로, 뒤에 목적어가 있어야 하지만 없으면 수동으로 써야 한다.

4 그들이 지나치게 사냥되었다 / 인간과 다른 동물들에 의해.
5 도도새가 사라진 이후에 / Calvaria 나무는 바로 싹 틔우기를 멈추었다.
6 과학자들이 최종적으로 결론 내렸다 / Calvaria 나무의 씨앗이 싹트기 위해서는 / 일단은 그 씨앗이 소화되어야 한다고 / 도도새에 의해.

Step 3 수능 **필수 구문** O, X로 복습하기

구문 포인트 ❶

능동, 수동의 구분

They once roamed Mauritius, a tropical island **[situating / situated]** in the Indian Ocean.

(O situated)

(X situating)

동사 situate는 목적어를 필요로 하는 타동사로, 뒤에 목적어가 없기 때문에 수동으로 써야 한다.

일단 동사가 목적어가 필요한지 ①의미를 먼저 생각하고 ②뒤에 목적어가 있는지 없는지 파악하여 능동인지 수동인지 결정한다.

I had my car ~~fixing~~ fixed.

　　①의미: ~를 고치다(목적어 필요)

　　②뒤에 목적어가 없음(수동 의미)

구문 포인트 ❷

수동태

They were **[overhunting / overhunted]** by humans and other animals.

 (O overhunted)

 (X overhunting)

사람들과 다른 동물들에 의해 과도하게 사냥을 당했다는 의미이므로 수동태로 쓴다.

수동태는 〈be+p.p.〉로, 시제는 be동사로 나타낸다.

현재	**is / are** overhunted
과거	**was / were** overhunted
미래	**will be** overhunted

구문 포인트 ❸

to부정사의 수동

Scientists finally concluded that, for the seeds of the Calvaria Tree to sprout, they needed to first **[digest / be digested]** by the Dodo bird.

 (O be digested)

 (X digested)

주어 they는 seeds를 가리키는 것으로 '씨가 소화가 되어야 한다'는 수동의 의미이므로 be digested를 쓴다.

to부정사도 〈to be+p.p.〉의 형태로 수동의 의미를 나타낼 수 있다.

My car needs to be repaired.
　　　　　　　차가 고쳐져야 한다는 의미

He was nowhere to be seen.
　　　　　그가 보여진 곳이 없다는 의미

본문 단어
check up

species	종	tropical	열대의
dependent upon	~에 의존적인	disappear	사라지다
extinct	멸종된	sprout	싹이 나다, (싹을) 틔우다
rely on	~에 의존하다	conclude	결론을 내리다
roam	돌아다니다	digest	소화시키다

UNIT
5

---------------------- 처음 만나는 수능 유형 ----------------------

13~15

13~15

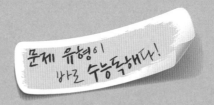

유형소개

빈칸 추론은 빈칸에 들어갈 단어나 짧은 어구, 문장을 추론하는 유형이다.
특히 빈칸 추론은 주어진 글의 논리적 흐름 및 정확한 이해가 바탕이 되어야 하기 때문에 오답률이 높다.
단일 유형으로는 출제 문항수가 가장 높은 유형으로 장문 유형에 등장하는 빈칸까지 포함하면 4~5 문제가 나오고 있고 난이도도 가장 높다.

빈칸 추론　　대의 파악

연도별 출제개수
2019
2020
2021

유형해결전략

1 글의 요지 및 주제 파악

빈칸의 내용을 알기 위해서는 먼저 글의 주제를 파악해야 한다.
주제를 파악한 다음, 빈칸이 포함된 문장이 주제를 나타내는 문장인지 아니면 구체적인 예인지를 구분하여 중심 내용을 빠르게 정리한다.

2 빈칸 위치에 따른 접근법

빈칸이 앞부분에 있으면 주제문일 가능성이 높으므로 선택지에서 주제 관련 어구 등을 찾는다.
빈칸이 중간에 있으면 앞이나 뒤에 있는 주제문의 구체적인 예시나 재진술일 가능성이 높다.
빈칸이 뒷부분에 있으면 주제를 재정리하거나 명확하게 제시하는 내용일 가능성이 높다.

빈칸에 들어갈 말로 가장 적절한 것은?

One of the most important skills you can develop in human relations is the ability to_____: It's one of the keys to satisfying customers, maintaining a marriage, and raising children. All human interactions are improved by the ability to put yourself in another person's shoes. How? Look beyond yourself, your own interests, and your own world. When you work to examine a problem in the light of another's history and discover the interests and concerns of others, you begin to see what others see. And that is a powerful thing.

① make old things new
② forgive others' mistakes
③ know what you really want
④ express your feelings honestly
⑤ see things from others' points of view

빈칸 추론

STEP 1 빈칸이 포함된 첫 문장이 주제문
- 첫 문장을 통해 인간관계에서 중요한 기술이 무엇인가에 대한 내용임을 알 수 있다.
- 빈칸에 들어갈 말이 바로 이 글의 핵심구로, 전체 내용을 통해 유추한다.

STEP 2 전체 내용을 통해 주제를 재확인하기
- 인간관계, 곧 인간 상호관계는 다른 사람의 입장에서 문제를 보게 되면 개선된다고 말하고 있다.

STEP 3 선지 확인하기
① 오래된 것들을 새롭게 만드는
② 다른 사람들의 실수를 용서하는
③ 당신이 정말 원하는 것을 아는
④ 당신의 감정을 솔직하게 표현하는
⑤ 다른 사람의 관점에서 사물을 보는

Step 1

제한시간 60초 에 문제를 풀고
Step 2에서 문장분석을 확인하세요.

진짜 **수능** 문제 풀어보기

The desire to have a fulfilling job—a career that provides a deep sense of purpose, and reflects our values, passions and personality—is a(n) _____. The word 'fulfillment' does not even appear in the famous dictionary, *A Dictionary of the English Language*, published in 1755. For centuries, most people of the Western world were busy struggling to meet their basic needs. They could not care about whether they had an exciting career that used their talents and improved their wellbeing. Any idea of fulfillment didn't exist in their minds. But today, the spread of material richness has freed our minds to pursue fulfillment from our work.

● 학력평가 2013(3월)

Q 위 글의 빈칸에 들어갈 말로 가장 적절한 것은? [3점]

① unclear idea

② natural feeling

③ moral principle

④ modern concept

⑤ unexpected result

▶ 정답과 해설은 바로 다음 페이지에서 보기

유형 해법을 적용하고 수능 구문에 따라 해석하세요.

Step 2 문장 집중분석

정답 및 해설

13 빈칸 현대적 개념인 성취감   답 ④

18세기의 사전에는 없던 '성취감'이라는 개념은 오늘날의 물질적 풍요로 인해 발생했다고 마지막 문장에서 말하고 있다. 결국 성취감은 현대적 개념으로 볼 수 있으므로 빈칸에는 ④번 '현대적인 개념'이 적절하다.

1

The desire to have a fulfilling job / — a career / that provides a deep sense of purpose, / and reflects our values, passions and personality / — is a modern concept.

해석확인 [_____] / 즉 직업은 / 깊은 목적 의식을 제공하는 / 그리고 우리의 가치, 열정, 개성을 반영하는 / 현대적 개념이다.

구문분석

to부정사

The desire to have a fulfilling job — a career [that provides a deep sense of purpose, and reflects
병렬구조(and로 연결, 모두 career 수식)
our values, passions and personality] — is a modern concept.
삽입 어구를 나타냄

이 문장의 주어는 The desire로 뒤의 to부정사의 수식을 받고 있다. 이처럼 〈명사+to부정사〉일 때 to부정사가 명사를 수식하는 형용사와 같은 역할을 한다.

2

The word 'fulfillment' / does not even appear / in the famous dictionary, *A Dictionary of the English Language*, / published in 1755.

해석확인 '성취감'이라는 단어는 / 나오지도 않는다 / A Dictionary of the English Language라는 유명한 사전에 / [_____].

구문분석

분사 위치

The word 'fulfillment' does not even appear in the famous dictionary, *A Dictionary of the English
동격
Language*, published in 1755.
분사(명사 수식)

일반적으로 분사는 〈-ing/-ed+명사〉로 명사 앞에 오지만 분사가 길어지면 〈명사+-ing/-ed〉로 명사 뒤에 쓸 수 있다.

3

For centuries, / most people of the Western world / were busy struggling / to meet their basic needs.

해석확인 수 세기 동안 / 서구 세계의 대부분의 사람들은 / 노력하기에 바빴다 / [_____].

구문분석

to부정사

For centuries, most people of the Western world were busy struggling to meet their basic needs.
숙어(~하느라 바쁘다)   to부정사(목적)

to meet~는 to부정사로 '~하기 위해서'라는 목적의 의미를 나타낸다.

---

1 성취감을 주는 일을 갖고자 하는 욕구는 / 즉 직업은 / 깊은 목적 의식을 제공하는 / 그리고 우리의 가치, 열정, 개성을 반영하는 / 현대적 개념이다.
2 '성취감'이라는 단어는 / 나오지도 않는다 / A Dictionary of the English Language라는 유명한 사전에 / 1755년에 출간된.
3 수 세기 동안 / 서구 세계의 대부분의 사람들은 / 노력하기에 바빴다 / 그들의 기본적 욕구를 충족하기 위해.

66

보기 해석

① 불분명한 생각
② 자연스러운 감정
③ 도덕적 원칙
④ 현대적인 개념
⑤ 예상치 못한 결과

유형 분석 및 선택률 확인

빈칸 문제는 빈칸의 위치에 따라 쉽게 내용의 특징을 파악할 수 있다. 이 문제처럼 빈칸이 앞에 나올 경우 주제문일 가능성이 높기 때문에 주제를 먼저 파악한다.

정답률	문항별 선택률				
44%	① 14%	② 23%	③ 10%	④ 44%	⑤ 9%

4 They could not care / about whether they had an exciting career / that used their talents and improved their wellbeing.

해석확인 그들은 신경 쓸 수 없었다 / ▓▓▓▓▓▓▓▓▓▓▓▓ / 그들의 재능을 활용하고 그들의 행복을 증진시키는.

구문분석

전치사의 목적어

They could not care about [whether they had an exciting career that used their talents and
　　　　　　　　　　전치사의 목적어(whether 절)　　　　　　　　　　　　　　　관계대명사절

improve their wellbeing].

전치사 다음에 오는 목적어로는 (동)명사 외에도 명사절이 올 수 있다. 이 문장에서는 명사절 whether가 와서 '~인지 아닌지에 대한'의 의미로 쓰였다.

5 Any idea of fulfillment didn't exist in their minds.

해석확인 ▓▓▓▓▓▓▓▓▓▓▓ 그들의 마음에 존재하지 않았다.

구문분석

1형식 동사

Any idea of fulfillment didn't exist in their minds.
　　　주어　　　　　　　동사

주요 1형식 동사들은 다음과 같다.

1. ~가 발생하다	occur, arise, happen, take place, result
2. 오다, 가다, 도착하다, 떠나다	come, go, arrive, leave
3. 반응하다	respond, react
4. 다양하다	vary, differ

6 But today, the spread of material richness / has freed our minds / to pursue fulfillment from our work.

해석확인 그러나 오늘날 물질적 풍요의 확산이 / 우리의 마음을 해방시켰다 / ▓▓▓▓▓▓▓▓▓.

구문분석

to부정사

But today, the spread of material richness has freed our minds to pursue fulfillment from our work.
　　　　　　　　　　　　　　　　　　　　　　　　　　　　　　　to부정사(결과)

물질적 풍요가 우리 마음을 해방시킨 결과로 성취감을 추구하게 되었다는 내용이므로, to부정사는 결과를 나타낸다. 이처럼 to부정사가 앞 내용의 결과를 나타내기도 한다.

---

4 그들은 신경 쓸 수 없었다 / 그들이 흥미로운 직업을 가졌는지 아닌지에 대해 / 그들의 재능을 활용하고 그들의 행복을 증진시키는.
5 성취감에 대한 생각은 그들의 마음에 존재하지 않았다.
6 그러나 오늘날 물질적 풍요의 확산이 / 우리의 마음을 해방시켰다 / (그 결과) 일에서 오는 성취감을 추구하게 됐다.

Step 3 수능 **필수 구문** O, X로 복습하기

구문 포인트 ❶

to부정사의
형용사적
용법

The desire **[has / to have]** a fulfilling job — a career that provides a deep sense of purpose, and reflects our values, passions and personality — is a modern concept.

(O **to have**)

(X **has**)

이 문장의 동사는 is이므로 주어 the desire 다음에는 동사가 아닌 수식하는 to부정사가 와야 한다.

to부정사의 형용사적 용법은 '~하는, ~할'로 해석되며, 명사, 대명사의 뒤에 놓여서 그 명사나 대명사를 수식하는 역할을 한다.

I have no friends to talk with.
　　　　　　　　　　명사 수식

구문 포인트 ❷

to부정사의
부사적 용법

For centuries, most people of the Western world were busy struggling **[meeting / to meet]** their basic needs.

(O **to meet**)

(X **meeting**)

struggle to do는 '~하기 위해 엄청 노력하다(try hard to do)'라는 의미로 to부정사는 목적을 나타낸다.

to부정사는 문장 안에서 부사처럼 목적, 결과, 판단의 근거 등을 나타낸다.

목적	I got up early **to catch the train.** (기차를 타기 위해)
원인	I'm sorry **to trouble you.** (폐를 끼쳐서)
판단 근거	He must be honest **to say so.** (그렇게 말하는 걸 보아)
결과	He tried to catch the train only **to fail.** (그 결과 실패하다)

구문 포인트 ❸

결과를
나타내는
to부정사

But today, the spread of material richness has freed our minds **[pursued / to pursue]** fulfillment from our work.

(O **to pursue**)

(X **pursued**)

이 문장의 동사는 has freed로, pursue는 분사나 to부정사가 되어야 하는데 pursue 다음에 목적어가 있으므로 수동이 아니라 to pursue를 써야 한다.

부사적 용법의 to부정사가 무의지 동사인 awake, live, grow (up) 다음에 나오면 주로 결과를 나타낸다.

He grew to be president of America.
　　자라서 미국 대통령이 되었다

본문 단어
check up

desire	욕구, 갈망	struggle	애쓰다, 투쟁하다
fulfilling	성취감을 주는	improve	개선하다, 향상시키다
reflect	반영하다, 비추다	exist	존재하다
personality	성격, 개성	material	물질적인
appear	나오다, 나타나다	pursue	추구하다

Races have first, second, and third prizes. This practice is the result of _____. In the early seventeenth century in Chester, England, the sheriff agreed to provide a silver trophy for the winner of a horse race and contracted with a silversmith to do the work. The silversmith's first trophy was unacceptable, and he was sent back for another try. The second one, too, was inadequate, and he was instructed to try a third time. The third trophy was fine, but now the sheriff had three trophies instead of one. In order not to be wasteful, the sheriff decided to award trophies to the first, second, and third place winners.

● 학력평가 2012(9월)

* sheriff: (잉글랜드·웨일즈에서) 주 장관

Q 위 글의 빈칸에 들어갈 말로 가장 적절한 것은? [3점]

① a racer's violation of the game rules

② a sheriff's intention to win a horse race

③ the excessive competition in sports events

④ efforts to reduce the cost of making trophies

⑤ a silversmith's inability to satisfy his customer

정답 및 해설

14 빈칸 3등까지 상을 주게 된 이유　답⑤

빈칸이 포함된 뒷문장에 집중한다.
경주에 대한 시상을 1~3등까지 수여하게 된 이유에 대한 글이다. 빈칸 다음의 내용을 보면 한 은세공인이 주문을 만족시키지 못해서 세 개나 만든 일례가 나오므로 빈칸에는 ⑤'한 은세공인이 자신의 고객을 만족시키지 못함'이 적절하다.

1

Races have first, second, and third prizes. //

This practice is the result / of a silversmith's inability to satisfy his customer.

해석확인　경주에는 1등, 2등, 3등상이 있다. //
이러한 관습은 결과이다 / 한 은세공인이 　　　　　　　.

구문분석

to부정사

This practice is the result of a silversmith's inability to satisfy his customer.
　　　　주어　　동사　　　　　　　보어

to satisfy ~이하는 앞의 명사 inability를 수식하는 형용사적 용법의 to부정사이다.

2

In the early seventeenth century / in Chester, England, / the sheriff agreed to provide a silver trophy / for the winner of a horse race / and contracted with a silversmith to do the work.

해석확인　17세기 초반 / England의 Chester에서 / 　　　　　　　　　　　　 / 경마의 우
승자를 위해서 / 그리고 그 일을 하는 한 은세공인과 계약을 맺었다.

구문분석

to부정사

the sheriff agreed to provide a silver trophy for the winner of a horse race and contracted with a
　　　　　　　　to부정사의 목적어 역할

silversmith to do the work
　　　　　to부정사의 형용사 역할

동사 agree의 목적어로 to provide~가 쓰였다. agree처럼 to부정사를 목적어로 취하는 동사들로는 want, plan, hope, decide 등이 있다.

to부정사의 명사적 용법	주어 역할	To learn is fun. = It is fun to learn. (배우는 것은 재미있다.)
	보어 역할	Her plan is to stay for a week. (그녀의 계획은 일주일 간 머무는 것이다.)
	목적어 역할	He wants to stay home. (그는 집에 있고 싶어 한다.)

3

The silversmith's first trophy was unacceptable, / and he was sent back for another try.

해석확인　그 은세공인이 만든 　　　　　　　　　　, / 그는 다시 시도하라고 돌려보내졌다.

구문분석

형용사의 형태

The silversmith's first trophy was unacceptable, and he was sent back for another try.
　　　　　　　　　　　형용사 형태　　　　　　수동태(돌려보내지다)

일반적으로 단어 끝이 -able이면 형용사로, 이외에도 -ive(active), -al(actual), -ous(curious) 등 단어의 끝부분에 있는 접미사를 통해 형용사임을 알 수 있다.

---

1 경주에는 1등, 2등, 3등상이 있다. // 이러한 관습은 결과이다 / 한 은세공인이 그의 손님을 만족시키지 못한.
2 17세기 초반 / England의 Chester에서 / 주 장관이 은 트로피를 제공하는 것에 동의했다 / 경마의 우승자를 위해서 / 그리고 그 일을 하는 한 은세공인과 계약을 맺었다.
3 그 은세공인이 만든 첫 번째 트로피는 만족스럽지 못했고, / 그는 다시 시도하라고 돌려보내졌다.

보기 해석

① 한 경주자의 경기 규칙 위반
② 경마에서 이기려는 한 주 장관의 의도
③ 운동 경기에서의 지나친 경쟁
④ 트로피를 만드는 비용을 줄이려는 노력
⑤ 한 은세공인이 자신의 고객을 만족시키지 못함

유형 분석 및 선택률 확인

첫 문장이 빈칸이 포함된 요지일 경우 구체적인 예시를 통해 글의 중심 내용을 파악한다.

정답률	문항별 선택률				
26%	① 15%	② 24%	③ 12%	④ 23%	⑤ 26%

4

The second one, too, was inadequate, / and he was instructed to try a third time.

해석확인 두 번째 것 또한 적절하지 않았고 / ＿＿＿＿＿＿＿＿＿＿＿＿＿＿＿.

구문분석

수동태

The second one, too, was inadequate, and he was instructed to try a third time.
　　　　　　　　　　　　　　　　　　　　　　　　　　5형식 수동태

he was instructed to try~는 5형식 수동태로 다음과 같이 변화한 것이다.
the sheriff instructed him to try a third time
　　　　　　　　　　　　　　(instruct는 목적보어로 to부정사가 옴)
he was instructed to try a third time

5

The third trophy was fine, / but now the sheriff had three trophies / instead of one.

해석확인 ＿＿＿＿＿＿＿＿＿＿＿＿＿ / 그러나 이제 그 장관은 세 개의 트로피를 가지게 된 것이다 / 한 개의 트로피 대신.

구문분석

서수, 기수

The third trophy was fine, but now the sheriff had three trophies instead of one.
　　서수+단수　　　　　　　　　　　　　　　　　기수+복수

숫자를 기수로 표현할 때는 둘 이상이면 복수명사와 쓰지만 첫째, 둘째 등의 서수는 단·복수명사 모두 쓸 수 있다.

6

In order not to be wasteful, / the sheriff decided to award trophies / to the first, second, and third place winners.

해석확인 ＿＿＿＿＿＿＿＿＿＿＿＿＿ / 그 주 장관은 트로피를 수여하기로 결정했다 / 1등, 2등, 3등 수상자에게.

구문분석

to부정사

In order not to be wasteful, the sheriff decided to award trophies to the first, second, and third
　　　to부정사의 부정형　　　　　　　　　　　　to부정사의 목적어 역할

place winners.

in order to부정사는 '~하기 위해서'라는 목적을 나타내는 것으로, to부정사의 부정은 〈not+to부정사〉로 쓴다.

---

4 두 번째 것 또한 적절하지 않았고 / 그는 세 번째 시도를 하도록 지시받았다.
5 세 번째 트로피는 훌륭했다 / 그러나 이제 그 장관은 세 개의 트로피를 가지게 된 것이다 / 한 개의 트로피 대신.
6 낭비를 하지 않기 위해서 / 그 주 장관은 트로피를 수여하기로 결정했다 / 1등, 2등, 3등 수상자에게.

Step 3   수능 **필수 구문** O, X로 복습하기

구문 포인트 ❶

목적어 역할의
to부정사

In the early seventeenth century in Chester, England, the sheriff agreed **[providing / to provide]** a silver trophy for the winner of a horse race.

(O **to provide**)

(X **providing**)

동사 agree의 목적어로 to provide 가 오다.

to부정사를 목적어로 취하는 동사들은 모두 미래를 나타내는 동사이다.

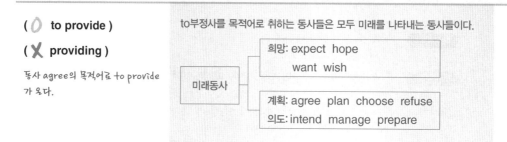

구문 포인트 ❷

5형식
수동태

The second one, too, was inadequate, and he was instructed **[try / to try]** a third time.

(O **to try**)

(X **try**)

동사 instruct는 5형식 문장으로 쓰며, 이 문장에서 수동태로 쓰여 to부정사인 목적보어가 바로 동사 다음에 왔다.

목적보어로 to부정사를 취하는 5형식 동사들은 수동태일 때 주의한다.

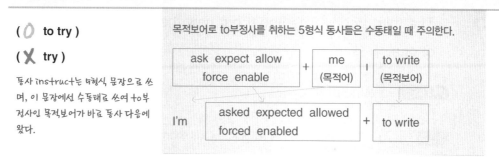

구문 포인트 ❸

to부정사의
부정형

[In order not to / In order to not] be wasteful, the sheriff decided to award trophies to the first, second, and third place winners.

(O **In order not to**)

(X **In order to not**)

in order to의 부정은 in order not to로 한다.

to부정사의 부정은 to부정사 앞에 not을 붙인다. to talk가 not to talk가 되는 것처럼 in order to도 in order not to로 부정형을 만든다.

I decided not to do that. (그것을 하지 않기로 결심했다.)

본문 단어
check up

result	결과	inadequate	불충분한
silversmith	은세공인	instruct	지시하다, 가르치다
inability	무능, 불능	in order to	~하기 위하여
satisfy	만족시키다	wasteful	낭비하는
unacceptable	받아들일 수 없는	award	수여하다

Step 1 진짜 **수능** 문제 풀어보기

A human system of regulating flow is almost always more responsive than a mechanical one. Have you ever had to wait in a car at a red light when there was a lot of traffic on your street and none on the cross street? A policeman would immediately see the situation and adjust the directional flow to meet the momentary need. The same applies to rigid rules in a meeting. It is hard to get a constructive dialogue going when the participants are only allowed to speak in a fixed order. A human system—a sensitive moderator—could adjust to the moment-by-moment needs of the individuals in the group without letting anyone dominate the meeting for long. Clearly, every meeting of more than four or five people needs a leader who will _____.

● 학력평가 고2 2015(3월)

Q 위 글의 빈칸에 들어갈 말로 가장 적절한 것은? [3점]

① sacrifice his or her own needs

② serve as a source of information

③ keep a balanced conversational flow

④ stick to the fixed rules of the group

⑤ appreciate the hard work of the members

▶ 정답과 해설은 바로 다음 페이지에서 보기

Step 2 문장 집중분석

정답 및 해설

15 빈칸 인간적 시스템의 이점   답 ③

인간적 시스템 조정의 예에 대한 설명을 완성한다. 기계적인 시스템과 달리 상황에 따라 변화를 주는 인간적 시스템의 장점을 첫 문장에서 언급하고 있다. 그리고 다음 문장부터 그런 구체적인 상황으로 교통신호 변경, 회의 때 필요한 중재자의 필요를 말하고 있으므로 ③이 적절하다.

1

A human system of regulating flow / is almost always more responsive / than a mechanical one.

해석확인 흐름을 조정하는 인간의 시스템은 /   / 기계적인 시스템보다.

구문분석

비교급

A human system of regulating flow is almost always more responsive than a mechanical one.
　　　　　　주어　　　　　　　　　　　　　　　　　　　　비교급

〈more ~ than〉은 비교급으로, 비교의 대상이 A human system of regulating flow와 a mechanical one이므로 여기서 one은 system (of regulating flow)을 대신한다.

2

Have you ever had to wait in a car at a red light / when there was a lot of traffic on your street / and none on the cross street?

해석확인 적신호에 걸려 차 안에서 기다려야 했던 때가 있었는가 /   / 교차되는 도로에는 차가 하나도 없을 때?

구문분석

there is 구문

when there was a lot of traffic on your street and none on the cross street
　　　　　　　　　　　　　　　　　　　there was에 연결됨

there was에서 뒤에 나오는 주어가 a lot of traffic으로 셀 수 없는 명사라서 단수형인 was가 쓰였다.

3

A policeman would immediately see the situation / and adjust the directional flow / to meet the momentary need.

해석확인 경찰이라면 즉시 그 상황을 보고 /   / 일시적인 필요에 맞게.

구문분석

동사의 특징

A policeman would immediately see the situation and adjust the directional flow to meet the momentary need.
　　　　　　　　　　　　　　　　　　　　　　　　　동사　　　　　　　　　　목적의 to부정사

adjust는 '조정(조절)하다'라는 의미로 〈adjust to+-ing〉의 '~하는 데 적응하다'와 구별한다.
ex. It took him a long time to **adjust to living** alone. (그는 혼자 사는 것에 적응하는 데 오래 걸렸다.)

---

1 흐름을 조정하는 인간의 시스템은 / 즉각적인 반응을 거의 항상 더 잘한다 / 기계적인 시스템보다.
2 적신호에 걸려 차 안에서 기다려야 했던 때가 있었는가 / 여러분의 도로에 많은 차량이 있고 / 교차되는 도로에는 차가 하나도 없을 때?
3 경찰이라면 즉시 그 상황을 보고 / (교통) 방향의 흐름을 조정할 것이다 / 일시적인 필요에 맞게.

보기 해석

① 자신의 욕구를 희생할
② 정보의 원천으로의 역할을 할
③ 균형 잡힌 대화의 흐름을 유지할
④ 집단의 정해진 규칙을 고수할
⑤ 구성원의 노고를 인정할

유형 분석 및 선택률 확인

빈칸이 마지막 문장에 위치한 글로, 첫 문장이 주제문을 나타낼 때 마지막 문장은 주제문을 재확인하거나 구체적인 내용으로 뒷받침하는 것이므로 그에 맞게 빈칸을 채운다.

정답률	문항별 선택률				
59%	① 9%	② 6%	③ 59%	④ 21%	⑤ 5%

4

The same applies to rigid rules / in a meeting. //
It is hard to get a constructive dialogue going / when the participants are only allowed to speak in a fixed order.

해석확인 같은 것이 엄격한 규칙에도 적용된다 / 회의상에서. // ▨▨▨▨▨▨▨▨▨▨ / 참가자들을 정해진 순서로만 발언하게 한다면.

구문분석

가주어 it

It is hard to get a constructive dialogue going when the participants are only allowed to speak
가주어　　　　　　진주어　　　　　　　　　　　　　　　5형식 수동태
in a fixed order.

to부정사의 길어진 주어를 가주어 it이 대신하는 문장으로, to부정사 to get a constructive dialogue going은 〈get+목적어+-ing〉의 5형식 문형으로 이루어져 있다.

5

A human system — a sensitive moderator — / could adjust to the moment-by-moment needs / of the individuals in the group / without letting anyone dominate the meeting / for long.

해석확인 섬세한 중재자인 인간의 시스템은 / 순간순간의 욕구에 적응할 수 있을 것이다 / 집단 내 개인들의 / ▨▨▨▨▨▨▨▨▨▨▨▨▨▨ / 오랫동안.

구문분석

전치사의 목적어

adjust to the moment-by-moment needs of the individuals in the group without letting anyone
dominate the meeting for long
　　　　　　　　　　　　　　　전치사

전치사 without의 목적어로 온 동명사 letting anyone dominate the meeting for long에서 let이 〈let+목적어+목적보어〉로 쓰는 사역동사이기 때문에 목적보어로 동사원형인 dominate가 쓰였다.

6

Clearly, every meeting of more than four or five people / needs a leader / who will keep a balanced conversational flow.

해석확인 ▨▨▨▨▨▨▨▨▨▨▨▨▨ / 지도자를 필요로 한다 / 균형 잡힌 대화의 흐름을 유지할.

구문분석

수일치

Clearly, every meeting of more than four or five people needs a leader [who will keep a
　　　　　　　　　　　　주어　　　　　　　　　　　동사
balanced conversational flow].

이 문장의 주어는 every meeting으로 단수이므로 동사도 단수형인 needs가 왔다. of 전치사구에 쓰인 people을 주어로 착각하여 need로 쓰면 안 된다.

4 같은 것이 엄격한 규칙에도 적용된다 / 회의상에서. // 건설적인 대화가 진행되는 것이 어렵다 / 참가자들을 정해진 순서로만 발언하게 한다면.
5 섬세한 중재자인 인간의 시스템은 / 순간순간의 욕구에 적응할 수 있을 것이다 / 집단 내 개인들의 / 어느 누군가가 그 회의를 지배하게 두지 않으면서 / 오랫동안.
6 분명 네다섯 명 이상으로 된 모든 회의는 / 지도자를 필요로 한다 / 균형 잡힌 대화의 흐름을 유지할.

Step 3 수능 **필수 구문** O, X로 복습하기

구문 포인트 ❶

to부정사

A policeman would immediately see the situation and adjust the directional flow **[meet / to meet]** the momentary need.

(O to meet)

(X meet)

이 문장의 동사는 adjust(조정(조절)하다)이므로 뒤따르는 meet는 목적을 나타내는 to부정사의 형태가 되어야 한다.

to부정사는 '~하기 위해'라는 목적의 의미로 쓰인다.

She started her own business for money.
= She started her own business to make much money.

구문 포인트 ❷

가주어 it

It is hard **[to get / that get]** a constructive dialogue going when the participants are only allowed to speak in a fixed order.

(O to get)

(X that get)

이 문장은 가주어 it 구문으로, 진주어로 to부정사와 that절 모두 가능하지만 that get ~은 주어가 빠진 관계대명사절이므로 쓸 수 없다.

가주어 it 구문에서 진주어의 형태는 to부정사, 동명사, 명사절이 가능하다.

to부정사	It is easy **to keep a secret**. (비밀을 지키는 것은)
동명사	It is rude **speaking loudly**. (크게 말하는 것은)
명사절	It is true **that she is a liar**. (그녀가 거짓말쟁이라는 것은)

구문 포인트 ❸

전치사의
목적어

A human system could adjust to the moment-by-moment needs of the individuals in the group without **[letting / to let]** anyone dominate the meeting for long.

(O letting)

(X to let)

to부정사는 전치사의 목적어가 될 수 없다.

to부정사는 명사적 용법으로 주어, 보어, 목적어 등의 역할을 하지만 전치사의 목적어 역할은 하지 않는다.

He had no reason **for ~~to leave~~ leaving** so early.

본문 단어
check up

responsive	즉각 반응하는	rigid	엄격한
mechanical	기계로 작동되는	constructive	건설적인
adjust	조정하다, 적응하다	participant	참가자
directional	방향의	moderator	조정자, 중재자
momentary	순간적인	dominate	지배하다

UNIT
6

--------------- 처음 만나는 수능 유형 ---------------

16~18

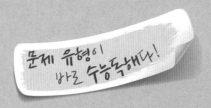

유형 소개

함축적 의미 추론은 글의 전체 흐름을 파악하여, 지문 안에 쓰인 비유나 속담, 관용 표현의 의미를 유추하는 유형이다.

무관한 문장은 글의 전체 흐름을 방해하거나 주제와 동떨어진 문장을 찾는 유형으로, 역시 글의 전체 흐름과 중심 내용을 파악하는 것이 중요하다.

연도별 출제개수
2019
2020
2021

함축적 의미 | 무관한 문장

유형 해결 전략

1 함축적 의미 추론하기

글의 중심 내용, 즉 주제나 주장을 먼저 파악한다. 밑줄 친 부분이 비유이거나 관용 표현인 경우가 많으므로, 해당 부분의 표면적인 의미로 해석한 후 주제와 앞뒤 문맥에 맞추어 함축적인 의미를 고른다.

2 무관한 문장 찾기

보통 지문 속 단어나 내용을 활용한 문장이 무관한 문장으로 등장하기 때문에, 소재나 어휘보다는 전체적인 흐름을 파악하는 것이 중요하다.

따라서 주제와 글의 전개 구조를 파악한 뒤 이와 관련 없는 문장을 찾는다.

밑줄 친 'The body works the same way.'가 다음 글에서 의미하는 바로 가장 적절한 것은?

The body tends to accumulate problems, often beginning with one small, seemingly minor imbalance. This problem causes another subtle imbalance, which triggers another, then several more. In the end, you get a symptom. It's like lining up a series of dominoes. All you need to do is knock down the first one and many others will fall too. What caused the last one to fall? Obviously it wasn't the one before it, or the one before that, but the first one. The body works the same way. The initial problem is often unnoticed. It's not until some of the later "dominoes" fall that more obvious clues and symptoms appear. In the end, you get a headache, fatigue or depression — or even disease. When you try to treat the last domino — treat just the end-result symptom — the cause of the problem isn't addressed. The first domino is the cause, or primary problem.

* accumulate: 축적하다

① There is no definite order in treating an illness.
② Minor health problems are solved by themselves.
③ You get more and more inactive as you get older.
④ It'll never be too late to cure the end-result symptom.
⑤ The final symptom stems from the first minor problem.

함축적 의미

STEP 1 첫 문장을 통해 글의 전개 파악

• 첫 문장에 전체 내용이 드러나는 경우가 많다.
• 첫 문장에서 문제점(problems)을 언급했으므로, 다음 내용으로 문제점의 구체적인 내용이나 해결 방법 등이 올 것을 예측할 수 있다.

STEP 2 밑줄 친 부분의 구체적인 내용 파악하기

• '신체도 같은 방식(the same way)으로 작동한다'라는 뜻이다.
• the same way에 관한 힌트는 앞의 두 문장에 나오는데, 이는 '마지막 도미노를 쓰러뜨린 것은 첫 번째 도미노다'라는 내용이다.

STEP 3 보기 해석

① 질병을 치료하는 데 정해진 순서는 없다.
② 사소한 건강 문제는 저절로 해결된다.
③ 여러분은 나이를 먹어가면서 점점 더 무기력해진다.
④ 아무리 늦어도 최종 결과인 증상을 치료할 수 있다.
⑤ 최종 증상은 최초의 사소한 문제에서 생겨난다.

Step 1 진짜 **수능** 문제 풀어보기

With the Internet, everything changed. Product problems, overpromises, the lack of customer support, differential pricing — all of the issues that customers actually experienced from a marketing organization suddenly <u>popped out of the box</u>. No longer were there any controlled communications or even business systems. Consumers could generally learn through the Web whatever they wanted to know about a company, its products, its competitors, its distribution systems, and, most of all, its truthfulness when talking about its products and services. Just as important, the Internet opened up a forum for customers to compare products, experiences, and values with other customers easily and quickly. Now the customer had a way to talk back to the marketer and to do so through public forums instantly.

● 학력평가 2020(11월)

* differential pricing: 가격 차등

Q 밑줄 친 <u>popped out of the box</u>가 위 글에서 의미하는 바로 가장 적절한 것은?

① could not be kept secret anymore

② might disappear from public attention

③ were no longer available to marketers

④ became too complicated to understand

⑤ began to improve companies' reputations

Step 2 **문장**
집중분석

16 함축적 의미 인터넷 구매의 특징 답①

밑줄 친 부분의 앞뒤 내용 및 논리적 관계를 파악한다. 첫 문장에서 인터넷의 등장으로 모든 것이 변했다고 했으며, 제품과 서비스에 관해 소비자가 알고 싶어하던 정보를 이제 인터넷을 통해 알 수 있다고 했으므로, ① '더 이상 비밀로 지켜질 수 없었다'가 답이다.

---

1 With the Internet, / everything changed.

해석확인 _____, / 모든 것이 변했다.

구문분석

전치사 표현

With the Internet, everything changed.
　　전치사구

전치사 with는 도구, 수단, 동반 등 다양한 의미로 쓰이는데, 여기에서는 원인을 나타낸다.

cf. 참고로 〈with+명사~〉는 분사구문처럼 주절의 의미를 수식하는 다양한 의미를 나타낸다.

| 양보 | **With** all his faults, I still like him. (~에도 불구하고) |
| 이유, 원인 | **With** Laura away, there's more room in the house. (~해서, ~인하여) |

---

2 Product problems, overpromises, the lack of customer support, differential pricing / — all of the issues / that customers actually experienced from a marketing organization / suddenly popped out of the box.

해석확인 제품 문제, 과잉 약속, 고객 지원 부족, 가격 차등 / 이 같은 모든 문제가 / _____ / 갑자기 상자 밖으로 튀어나왔다.

구문분석

주어 수식

— all of the issues that customers actually experienced from a marketing organization
　앞에 예시 나열　　　　　　　관계대명사절(issues 수식)

suddenly popped out of the box.
　　　동사

단독으로 쓰인 대시(—)는 주로 예시나 부연 설명을 연결할 때 쓰인다. 여기서는 issues의 구체적인 예시를 나열하기 위해 쓰였다. 뒤에서는 목적어가 없는 관계대명사절이 주어를 수식한다.

---

3 No longer were there / any controlled communications or even business systems.

해석확인 _____ / 통제된 의사소통이나 사업 체계조차.

구문분석

도치

No longer were there / any controlled communications or even business systems.
　부정어구　　동사　　　주어

부정어구가 강조를 위해 문장 맨 앞으로 이동하면서, 〈there+be동사〉 구문에서 were가 앞으로 나갔다.

cf. 부정어구(not, no, only 등)가 강조를 위해 문장 맨 앞으로 이동하면, 주어와 동사는 도치된다.
Never did I imagine anything like that.
Only after lunch **can you** go out.

---

1 인터넷으로 인하여, / 모든 것이 변했다.
2 제품 문제, 과잉 약속, 고객 지원 부족, 가격 차등 / 이 같은 모든 문제가 / 소비자들이 마케팅 조직으로부터 실제로 경험했던 / 갑자기 상자 밖으로 튀어나왔다.
3 더 이상 존재하지 않았다 / 통제된 의사소통이나 사업 체계조차.

보기 해석

① 더 이상 비밀로 지켜질 수 없었다
② 대중의 관심에서 사라질지도 몰랐다
③ 마케터들에게 더 이상 이용 가능하지 않았다
④ 이해하기에 너무 복잡해졌다
⑤ 회사의 평판을 개선시키기 시작했다

유형 분석 및 선택률 확인

함축적 의미 추론 유형에서 밑줄 친 부분은 주제를 비유적, 함축적으로 표현하는 경우가 많으므로 주제와 밀접한 보기를 고른다.

정답률	문항별 선택률				
38.3%	① 38.3%	② 11.0%	③ 30.0%	④ 8.5%	⑤ 11.9%

4

Consumers could generally learn through the Web / whatever they wanted to know / about a company, its products, its competitors, its distribution systems, and, most of all, its truthfulness / when talking about its products and services.

해석확인 소비자들은 보통 웹을 통해 알 수 있었다 / 한 회사와 그곳의 제품, 경쟁사, 유통 체계, 그리고 무엇보다도 진정성에 대해 / 그 회사의 제품과 서비스에 관해 이야기할 때의.

구문분석

to부정사

Consumers could generally learn through the Web [whatever they wanted to know]
　　　　　　　　　　　　　　　　　　　　　　　　whatever절　　wanted의 목적어(to부정사)

whatever절에서 동사 wanted의 목적어로 to부정사가 왔다. 복합관계대명사 whatever은 선행사를 포함하는 관계대명사로, '~하는 무엇이든'이라는 의미의 명사절을 형성한다.

to부정사를 목적어로 취하는 동사	want wish decide expect plan agree hope need

5

Just as important, / the Internet opened up a forum / for customers to compare products, experiences, and values / with other customers easily and quickly.

해석확인 그만큼이나 중요하게도 / 인터넷은 토론의 장을 열었다 / 다른 소비자들과 쉽고 빠르게.

구문분석

의미상 주어

the Internet opened up a forum for customers to compare products, experiences, and values
　　　　　　　　　　　　　　　　　　　의미상 주어　　　형용사적 용법(to부정사)

to부정사가 명사 forum을 수식하고 있다. 이때 to compare하는 주체는 for customers이다. 이처럼 to부정사 앞의 〈for+명사〉를 to부정사의 의미상 주어라고 한다.

6

Now the customer had a way / to talk back to the marketer / and to do so through public forums instantly.

해석확인 이제 소비자는 방법이 생겼다 / 마케터에게 대응하는 / _____.

구문분석

병렬 구조

Now the customer had a way to talk back to the marketer and to do so through public forums instantly.
　　　　　　　　　　　　　　　　　　　　　　　　　　　　병렬 구조

way를 수식하는 두 개의 to부정사가 and로 병렬 연결되어 있다. 〈way + to부정사〉는 '~하는 방법'이라는 뜻이다.

---

4 소비자들은 보통 웹을 통해 알 수 있었다 / 그들이 알고 싶어 했던 무엇이든 / 한 회사와 그곳의 제품, 경쟁사, 유통 체계, 그리고 무엇보다도 진정성에 대해 / 그 회사의 제품과 서비스에 관해 이야기할 때의.

5 그만큼이나 중요하게도 / 인터넷은 토론의 장을 열었다 / 소비자들이 제품, 경험 그리고 가치를 비교할 수 있는 / 다른 소비자들과 쉽고 빠르게.

6 이제 소비자는 방법이 생겼다 / 마케터에게 대응하는 / 그리고 즉시 공개 토론의 장을 통해 그렇게 하는.

Step 3 수능 **필수 구문** O, X 로 복습하기

구문 포인트 ❶

도치

No longer [was / were] there any controlled communications or even business systems.

(O **were**)

(X **was**)

No longer가 강조되면서 be동사가 앞으로 나왔다. 이때 주어는 any ~ systems로 복수이므로, be동사도 복수형으로 수일치한다.

아래와 같이 부정의 의미를 가진 어구가 문장 앞에 오면, 주어와 동사는 도치된다.

부정어구	not, no, nothing, never, only, little, hardly, rarely, scarcely, seldom ...

구문 포인트 ❷

의미상 주어

Just as important, the Internet opened up a forum [of customers / **for customers**] to compare products, experiences, and values with other customers easily and quickly.

(O **for customers**)

(X **of customers**)

to부정사의 의미상의 주어는 <for+ 명사>로 나타낸다.

to부정사의 의미상 주어는 <for+명사/목적격>으로 to부정사 앞에 쓴다.

It's not easy to understand his speech.

for me   그의 말을 이해하는 것이

내가(의미상 주어)

구문 포인트 ❸

병렬 구조

Now the customer had a way to talk back to the marketer and [**to do** / doing] so through public forums instantly.

(O **to do**)

(X **doing**)

두 개의 내용이 and로 연결된 병렬 구조이다. 병렬 구조에서는 같은 형태, 기능의 구가 온다.

두 개의 to부정사가 연결된 병렬 구조에서 뒤에 오는 to부정사의 to는 생략할 수 있다.

His plan is **to get** a degree and **(to) work** abroad.

뒤에 오는 to는 생략 가능

본문 단어
check up

product	제품, 결과물	generally	보통, 일반적으로
overpromise	지나친 약속	competitor	경쟁자, 참가자
customer	소비자, 고객	distribution	분배, 유통
organization	조직, 단체	compare	비교하다
pop	펑 하고 터지다	instantly	즉시, 곧

Step 1 진짜 **수능** 문제 풀어보기

Authentic, effective body language is more than

the sum of individual signals. When people work from this rote-memory, dictionary approach, they stop seeing the bigger picture, all the diverse aspects of social perception. Instead, they see a person with crossed arms and think, "Reserved, angry." They see a smile and think, "Happy." They use a firm handshake to show other people "who is boss." Trying to use body language <u>by reading a body language dictionary</u> is like trying to speak French by reading a French dictionary. Things tend to fall apart in an inauthentic mess. Your actions seem robotic; your body language signals are disconnected from one another. You end up confusing the very people you're trying to attract because your body language just rings false.

● 학력평가 2020(6월)

Q 밑줄 친 by reading a body language dictionary가 위 글에서 의미하는 바로 가장 적절한 것은? [3점]

① by learning body language within social context

② by comparing body language and French

③ with a body language expert's help

④ without understanding the social aspects

⑤ in a way people learn their native language

정답 및 해설

17 함축적 의미 몸짓 언어에 대한 잘못된 접근 **답 ④**

주제를 먼저 파악한 뒤 밑줄 친 부분을 추론한다.
앞에서 몸짓 언어에 대한 사전식 접근법은 '더 큰 그림 보기를 멈추는 것'이라고 했으며, '로봇처럼(robotic)' 어색하다고 했다. 따라서 사전식 접근법을 부정적으로 말한 ④ '사회적 측면에 대한 이해 없이'가 답이다.

Step 2 문장 집중 분석

1

Authentic, effective body language / is more than the sum of individual signals.

해석확인 진짜의, 효과적인 몸짓 언어는 /   .

구문분석
비교급

Authentic, effective body language is more than the sum of individual signals.
주어   비교급+than

⟨more than⟩은 비교급 표현으로, '~보다 더 많은, 더 대단한'이라는 의미이다. 비교 대상을 전치사 than(~보다)으로 연결했다.

2

When people work from this rote-memory, dictionary approach, / they stop seeing the bigger picture, / all the diverse aspects of social perception.

해석확인 사람들이 이러한 기계적 암기, 즉 사전식 접근법으로 의사전달을 할 때, /   / 즉 사회적 인식의 모든 다양한 측면을.

구문분석
동명사

When people work from this rote-memory, dictionary approach, they stop seeing the bigger
동격   동명사(목적어)

picture, all the diverse aspects of social perception.
동격

동사 stop의 목적어로 동명사(-ing)가 쓰였다. 이처럼 동명사는 명사처럼 주어, 보어, 목적어로 쓸 수 있다.

주어	**Reading good books** helps your mind.	좋은 책을 읽는 것은 당신의 마음에 도움을 준다.
보어	Seeing her is **loving her**.	그녀를 보는 것은 그녀를 사랑하는 것이다.
목적어	I love **watching dramas**.	나는 드라마 보는 것을 사랑한다.

3

Instead, they see a person with crossed arms and think, "Reserved, angry." // They see a smile and think, "Happy." // They use a firm handshake / to show other people "who is boss."

해석확인 대신, 그들은 팔짱을 낀 사람을 보고 '과묵하고 화가 난' 것으로 생각한다. // 그들은 미소를 보고 '행복한' 것으로 생각한다. // 그들은 세게 악수를 한다 /   .

구문분석
4형식

They use a firm handshake to show other people "who is boss."
                           to부정사(부사적 용법)   간접목적어   직접목적어(의문사절)

to show는 부사적 용법으로 쓰여 '~하기 위해'라는 목적의 의미를 나타낸다. show는 4형식 동사로, 뒤에 간접목적어(~에게)와 직접목적어(~을)가 왔다.

---

1 진짜의, 효과적인 몸짓 언어는 / 개별적인 신호를 합친 것보다 더 대단하다.
2 사람들이 이러한 기계적 암기, 즉 사전식 접근법으로 의사전달을 할 때, / 그들은 더 큰 그림 보기를 멈추게 된다 / 즉 사회적 인식의 모든 다양한 측면을.
3 대신, 그들은 팔짱을 낀 사람을 보고 '과묵하고 화가 난' 것으로 생각한다. // 그들은 미소를 보고 '행복한' 것으로 생각한다. // 그들은 세게 악수를 한다 / 다른 사람들에게 '누가 윗사람인가'를 보여 주기 위해.

보기 해석

① 사회적 맥락에서 몸짓 언어를 배움으로써
② 몸짓 언어와 프랑스어를 비교함으로써
③ 몸짓 언어 전문가의 도움을 받아
④ 사회적 측면에 대한 이해 없이
⑤ 사람들이 모국어를 배우는 방식으로

유형 분석 및 선택률 확인

함축적 의미 추론 유형에서 주제는 여러 차례에 걸쳐서 반복되는 경우가 많으므로, 글의 전체 흐름과 일치하는 보기를 고른다.

정답률	문항별 선택률				
24.2%	① 38.4%	② 13.3%	③ 14.9%	④ 24.2%	⑤ 8.7%

4 Trying to use body language by reading a body language dictionary / is like trying to speak French by reading a French dictionary.

해석확인   몸짓 언어 사전을 읽어서 몸짓 언어를 사용하려고 하는 것은 /

구문분석

전치사+ 동명사

by+동명사(~함으로써)

Trying to use body language by reading a body language dictionary is like trying to speak
주어   like+동명사(~하는 것 같은)

French by reading a French dictionary.

동명사가 각각 주어와, 전치사의 목적어 자리에 쓰였다. like(~같은), by(~로써) 등 전치사 뒤에 올 수 있는 동사의 형태는 동명사 뿐임에 유의한다.
Let's study them in more detail **by watching** a video clip. (동영상을) 시청함으로써

5 Things tend to fall apart in an inauthentic mess. // Your actions seem robotic; / your body language signals are disconnected from one another.

해석확인   각각의 것들은 진짜가 아닌 난장판으로   . // 당신의 행동은 로봇처럼 어색해 보인다; / 당신의 몸짓 언어 신호는 서로 단절된다.

구문분석

동사구의 의미

Things tend to fall apart in an inauthentic mess.
~하는 경향이 있다

⟨tend+to부정사⟩는 '~하는 경향이 있다'라는 뜻으로, ⟨have a tendency+to부정사⟩ 형태로도 쓸 수 있다.

6 You end up confusing the very people / you're trying to attract / because your body language just rings false.

해석확인   당신은 바로 그 사람들을 혼란스럽게 하는 결과를 초래한다 /   / 당신의 몸짓 언어가 그저 잘못 전달되기 때문에.

구문분석

to부정사/ 동명사

You end up confusing the very people [(whom) you're trying to attract]
결국 ~로 끝나다   목적격 관계대명사 생략   to부정사

동사 try는 목적어로 동명사, to부정사를 모두 취할 수 있다.

동명사만을 취하는 동사	to부정사만을 취하는 동사	동명사, to부정사 모두 가능한 동사
enjoy, deny, mind, give up, postpone, quit, avoid, finish, stop	want, wish, decide, expect, plan, agree, hope	like, begin, start, love, continue, prefer, hate, try

4 몸짓 언어 사전을 읽어서 몸짓 언어를 사용하려고 하는 것은 / 프랑스어 사전을 읽어서 프랑스어를 말하려고 하는 것과 같다.
5 각각의 것들은 진짜가 아닌 난장판으로 분리되어 버리는 경향이 있다. // 당신의 행동은 로봇처럼 어색해 보인다; / 당신의 몸짓 언어 신호는 서로 단절된다.
6 당신은 바로 그 사람들을 혼란스럽게 하는 결과를 초래한다 / 당신이 마음을 끌려고 노력하는 / 당신의 몸짓 언어가 그저 잘못 전달되기 때문에.

Step 3 수능 **필수 구문** O, X로 복습하기

구문 포인트 ❶

동명사

When people work from this rote-memory, dictionary approach, they stop **[seeing / to see]** the bigger picture, all the diverse aspects of social perception.

(O **seeing**)

(X **to see**)

내용상 '~하기를 멈추다'라는 의미가 되어야 하므로 동명사가 와야 한다. stop to ~는 '~하기 위해 멈추다'라는 뜻이다.

동명사만을 목적어로 취하는 동사들이 있다.

주요 동사	enjoy, deny, mind, give up, avoid, finish, consider, quit, postpone, stop
예문	He denied **telling** me the secret. Please stop **calling** me.

구문 포인트 ❷

전치사의 목적어

Trying to use body language by reading a body language dictionary is like trying to speak French by **[reading / to read]** a French dictionary.

(O **reading**)

(X **to read**)

전치사의 목적어 자리에는 to부정사는 올 수 없고, 동명사가 와야 한다.

동명사는 동사의 -ing의 형태가 명사처럼 쓰이는 것을 말한다. to부정사의 명사적 용법과 비교해서 알아두자.

역할	동명사	to부정사
주어, 목적어, 보어	O	O
전치사 목적어	O	X

I look forward to **seeing** ~~to see~~ you.

구문 포인트 ❸

동명사/
to부정사

You end up confusing the very people you're trying **[to attract / attracting]** because your body language just rings false.

(O **to attract**)

(X **attracting**)

try는 목적어로 to부정사와 동명사를 모두 취하는 동사이지만, to attract일 때 '(마음을) 끌려고 노력하다'라는 의미가 되므로 to부정사를 써야 한다.

try는 동명사와 to부정사를 모두 목적어로 취하지만, 형태에 따라 의미가 다르다.

She is **trying** not **to cry**.	~하려고 노력하다
I want to **try living** there.	(시험 삼아) ~해 보다

본문 단어
check up

authentic	실제적인, 진짜의	perception	인식, 인지
effective	효과적인	reserved	과묵한, 내성적인
sum	합계	fall apart	분리되다, 무너지다
rote-memory	기계적 암기	attract	마음을 끌다
diverse	다양한	ring false	잘못 전달되다, 거짓으로 들리다

제한시간 60초 에 문제를 풀고
Step 2에서 문장분석을 확인하세요.

Step 1 진짜 수능 문제 풀어보기

Wouldn't it be nice if you could take your customers by the hand and guide each one through your store while pointing out all the great products you would like them to consider buying? ① Most people, however, would not particularly enjoy having a stranger grab their hand and drag them through a store. ② Rather, let the store do it for you. ③ Have a central path that leads shoppers through the store and lets them look at many different departments or product areas. ④ You can use this effect of music on shopping behavior by playing it in the store. ⑤ This path leads your customers from the entrance through the store on the route you want them to take all the way to the checkout.

● 학력평가 2018(11월)

Q 위 글에서 전체 흐름과 관계 없는 문장은?

▶ 정답과 해설은 바로 다음 페이지에서 보기

Step 2 문장 집중분석

18 무관한 문장 상점에서 고객을 이끄는 방법   **답 ④**

주어진 지문에서 전체 흐름을 벗어나는 문장을 찾는다. however가 삽입된 문장에서, 대부분의 사람은 낯선 사람이 손을 잡고 끌고 다니는 것을 좋아하지 않을 것이라고 한 뒤, 고객에게 상품을 안내하는 다른 방법을 제안하고 있다. 따라서 소비 행동과 음악 효과를 언급

---

1 Wouldn't it be nice / if you could take your customers by the hand / and guide each one through your store / while pointing out all the great products / you would like them to consider buying?

해석확인 좋지 않을까 / 만약 여러분이 고객의 손을 잡고 / 여러분의 상점 안 여기저기로 각각의 고객을 안내할 수 있다면 / 모든 훌륭한 제품들을 가리키면서 / ▨▨▨▨▨▨▨▨▨▨▨▨?

구문분석

동명사

Wouldn't it be nice if you could take your customers by the hand and guide each one through your
            If+주어+동사의 과거형(현재 사실의 반대를 가정)

store [while pointing out all the great products (that) you would like them to consider buying]?
      접속사+분사구문(~하면서)   관계대명사(생략)   동명사(consider의 목적어)

관계대명사절에서 consider의 목적어로 동명사 buying이 왔다.

---

2 Most people, however, would not particularly enjoy / having a stranger grab their hand and drag them through a store.

해석확인 그러나 대부분의 사람들은 특별히 좋아하지 않을 것이다 / 낯선 사람이 그들의 손을 잡고 ▨▨▨▨▨▨▨▨▨▨▨.

구문분석

동명사

                                                        병렬
Most people, however, would not particularly enjoy having a stranger grab their hand and drag
        주어   동사   목적어(동명사)

them through a store.

동사 enjoy는 동명사만을 목적어로 취하는 동사이다. 목적어로 온 동명사구(having ~ them)에서 have가 사역동사이기 때문에 목적보어로 동사원형인 grab, drag가 왔다.

---

3 Rather, let the store do it for you.

해석확인 차라리 여러분을 위해 ▨▨▨▨▨▨▨▨▨.

구문분석

5형식

Rather, let the store do it for you.
        동사   목적어   목적보어(동사원형)

let도 사역동사로, 〈동사+목적어+목적보어〉 구조의 5형식 문장을 형성하며 목적보어로 동사원형이 온다.

cf. 5형식 동사의 목적보어 자리에는 다양한 형태가 올 수 있다.

명사/형용사	Jenny calls him **Ron**. She makes him **happy**.
to부정사	I want you **to clean** your room.
동사원형	He let me **look** at the photos.

---

1 좋지 않을까 / 만약 여러분이 고객의 손을 잡고 / 여러분의 상점 안 여기저기로 각각의 고객을 안내할 수 있다면 / 모든 훌륭한 제품들을 가리키면서 / 그들에게 구매를 고려하게 하고 싶은?

2 그러나 대부분의 사람들은 특별히 좋아하지 않을 것이다 / 낯선 사람이 그들의 손을 잡고 상점 안으로 끌고 다니게 하는 것을.

3 차라리 여러분을 위해 상점이 그것을 하게 하라.

한 ④가 전체 흐름에서 동떨어진 내용에 해당한다. 이처럼 무관한 문장은 지문과 전혀 관계 없는 엉뚱한 내용이 제시되는 것이 아니기 때문에, 주제와 중심 소재를 정확히 파악하고 이와 거리가 먼 문장을 잘 찾아야 한다.

유형 분석 및 선택률 확인

무관한 문장 찾기 유형은 일관된 주제의 흐름에 벗어나는 문장을 찾아야 하므로 먼저 글의 주제를 파악하는 것이 중요하다.

정답률	문항별 선택률				
56.0%	① 7.0%	② 13.8%	③ 11.1%	④ 56.0%	⑤ 3.6%

4

Have a central path / that leads shoppers through the store / and lets them look at many different departments or product areas.

해석확인 중앙 통로를 두어라 / ▨▨▨▨▨▨▨▨▨▨▨▨ / 그리고 그들이 수많은 다른 매장 또는 상품 구역을 볼 수 있게 하는.

구문분석

병렬

　　　　　　　　　　　　　　　　　　　　병렬
Have a central path [that leads shoppers through the store and lets them look at many different
　　　　　　　　　　　관계대명사절
departments or product areas].

관계대명사절이 선행사 path를 수식한다. 선행사가 단수이므로 주격 관계대명사절의 두 동사도 모두 3인칭 단수형이 쓰였다.

5

You can use this effect of music on shopping behavior / by playing it in the store.

해석확인 여러분은 소비 행동에 대한 음악의 이러한 효과를 활용할 수 있다 / ▨▨▨▨▨▨▨▨▨.

구문분석
전치사 +동명사

You can use this effect of music on shopping behavior by playing it in the store.
　　　　　　　　　　　　　　　　　　　　　　　　　　　　동명사(전치사 by의 목적어)
전치사의 목적어로 올 수 있는 동사의 형태는 동명사뿐이다.

6

This path leads your customers / from the entrance through the store / on the route you want them to take / all the way to the checkout.

해석확인 이 길은 여러분의 고객들을 이끈다 / 입구에서부터 상점 안을 지나 / 여러분이 ▨▨▨▨▨▨▨ / 계산대까지 내내.

구문분석
to부정사

　　　　　　　　　　　　　　부사 역할의 전치사구　　　　　　　　　　　관계대명사 생략
This path leads your customers [from the entrance through the store on the route (that) you
want them to take all the way to the checkout].
　　　want+목적어+목적보어(to부정사)
관계대명사절에서 동사 want가 5형식으로 쓰여 목적보어로 to부정사가 왔다. take the route는 '경로를 택하다'라는 의미로, take의 목적어가 없는 관계대명사절이 선행사 the route를 수식한다.

---

4 중앙 통로를 두어라 / 고객들을 상점 안으로 이끄는 / 그리고 그들이 수많은 다른 매장 또는 상품 구역을 볼 수 있게 하는.
5 여러분은 소비 행동에 대한 음악의 이러한 효과를 활용할 수 있다 / 상점에서 음악을 트는 것으로.
6 이 길은 여러분의 고객들을 이끈다 / 입구에서부터 상점 안을 지나 / 여러분이 그들이 택해주길 원하는 경로로 / 계산대까지 내내.

Step 3 수능 **필수 구문** O, X 로 복습하기

구문 포인트 ❶

능동, 수동

Wouldn't it be nice if you could take your customers by the hand and guide each one through your store while **[pointing / being pointed]** out all the great products you would like them to consider buying?

(O **pointing**)

(X **being pointed**)

분사구문에서 의미가 능동일 때 -ing, 수동일 때 being p.p.를 쓰는데, 여기서는 '가리키면서'라는 능동의 의미로 pointing이 오다.

분사나 동명사는 〈being+p.p.〉의 형태로 수동의 의미를 나타낸다.

Being raised in Tokyo, she speaks Japanese well.
(길러져서)

I hate **being treated** like a child.
(다뤄지는 것을)

구문 포인트 ❷

사역동사

Most people, however, would not particularly enjoy having a stranger grab their hand and **[drag / dragging]** them through a store.

(O **drag**)

(X **dragging**)

사역동사의 목적보어는 동사원형만 올 수 있다.

사역동사는 목적보어로 동사원형만을 취한다.

사역동사	He **makes** me **laugh**.
have, make, let	동사원형

구문 포인트 ❸

동명사/ to부정사

This path leads your customers from the entrance through the store on the route you want them **[to take / taking]** all the way to the checkout.

(O **to take**)

(X **taking**)

want는 목적보어로 to부정사만 취하기 때문에 to take로 써야 한다.

to부정사만을 목적보어로 취하는 동사들이 있다. 주로 요청하거나 명령하는 동사들이다.

주요 동사	want, ask, force, order, tell
예문	Do you want me **to come** with you? He asked her **to marry** him.

본문 단어
check up

guide	안내하다	path	길
point out	가리키다, 지적하다	department	부서, 매장
consider	고려하다	behavior	행동
particularly	특별히	entrance	입구, 입장
drag	끌다	checkout	계산대, 체크아웃

UNIT
7

---- 처음 만나는 수능 유형 ----

19~21

수능 유형	수능 어법
	관계사/상관접속사
19 글의 순서 1	• 관계대명사
20 글의 순서 2	• 계속적 용법
21 주어진 문장	• that vs. what

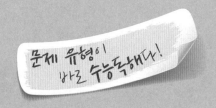

19~21

문제 유형이 바로 수능독해!

주어진 문장, 글의 순서

유형 소개 ▶

주어진 문장과 **글의 순서** 유형은 문장과 문장 사이의 연결과 흐름이 자연스럽도록 알맞은 위치와 순서를 찾는 유형이다.
주어진 문장, 글의 순서 문제는 최근에 두 문제로 출제율이 늘었다.

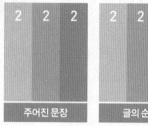

연도별 출제개수
2019
2020
2021

주어진 문장 | 글의 순서

유형 해결 전략 ▶

1 주어진 문장의 위치 찾기   정관사, 대명사, 지시어 등을 이용하여 문장 간의 관계를 추론하거나 글의 주제를 바탕으로 흐름이 갑자기 어색해지는 부분을 찾아 주어진 문장을 넣어 논리적 흐름이 적절한 지 확인한다.

2 글의 순서 정하기   무관한 문장, 주어진 문장 유형과 마찬가지로 연결사, 대명사, 지시어 등 문장 간의 연결 고리를 단서로 이용하여 글의 순서를 정한다.

주어진 글 다음에 이어질 글의 순서로 가장 적절한 것은?

Almost all major sporting activities are played with a ball.

(A) A ball might have the correct size and weight but if it is made as a hollow ball of steel it will be too stiff and if it is made from light foam rubber with a heavy center it will be too soft.

(B) The rules of the game always include rules about the type of ball that is allowed, starting with the size and weight of the ball. The ball must also have a certain stiffness.

(C) Similarly, along with stiffness, a ball needs to bounce properly. A solid rubber ball would be too bouncy for most sports, and a solid ball made of clay would not bounce at all.

* stiffness: 단단함

① (A) – (C) – (B)   ② (B) – (A) – (C)
③ (B) – (C) – (A)   ④ (C) – (A) – (B)
⑤ (C) – (B) – (A)

글의 순서

STEP 1 주어진 글 먼저 보기
● 주어진 글은 지문의 도입부에 해당하므로, 중심 소재나 주제가 드러나 있을 확률이 높다.
● 이 지문에서는 sporting activities 또는 a ball을 중심 소재로 추측해 볼 수 있다.

STEP 2 대명사, 지시어, 예시 등 연결 고리 찾기
● 주어진 글에 언급된 ball에 대한 내용이 (B)에 이어진다.
● (B)의 마지막에 언급된 stiffness(단단함)에 대한 구체적인 예시가 (A)에 나온다.
● 또한 튀어오르는 정도(to bounce)에 대한 예시가 (C)에서 추가된다.

STEP 3 글의 순서 확인하기
● 대명사, 지시어, 예시 등을 토대로 배열한 순서가 하나의 논리적인 글을 구성하는지 살펴본다.
● 주어진 글 이후 (B)-(A)-(C)의 순서일 때, 주제를 말한 후 예시와 설명을 드는 구조가 되어 논리적이므로 답은 ②이다.

Step 1 진짜 **수능** 문제 풀어보기

We always have a lot of bacteria around us, as they live almost everywhere — in air, soil, in different parts of our bodies, and even in some of the foods we eat. But do not worry!

(A) But unfortunately, a few of these wonderful creatures can sometimes make us sick. This is when we need to see a doctor, who may prescribe medicines to control the infection.

(B) Most bacteria are good for us. Some live in our digestive systems and help us digest our food, and some live in the environment and produce oxygen so that we can breathe and live on Earth.

(C) But what exactly are these medicines and how do they fight with bacteria? These medicines are called "antibiotics," which means "against the life of bacteria." Antibiotics either kill bacteria or stop them from growing.

* 학력평가 2019(9월)

Q 주어진 글 다음에 이어질 글의 순서로 가장 적절한 것은?

① (A) − (C) − (B)

② (B) − (A) − (C)

③ (B) − (C) − (A)

④ (C) − (A) − (B)

⑤ (C) − (B) − (A)

▶ 정답과 해설은 바로 다음 페이지에서 보기

Step 2 문장 집중분석

19 글의 순서 우리 주변에 있는 박테리아 답 ②

주어진 글에서 주제 또는 중심 소재를 파악한다. 주어진 글의 첫 문장에서 우리 주변에 많은 박테리아가 있다고 말한 뒤, 이에 대해서 걱정하지 말라(do not worry!)고 했다. 이를 통해 글의 소재가 박테리아이며, 박테리아에 관한 긍정적인 이야기가 전개됨을 예상할

1 We always have a lot of bacteria around us, / as they live almost everywhere / — in air, soil, in different parts of our bodies, / and even in some of the foods we eat.

해석확인 우리 주변에는 항상 많은 박테리아가 있는데 / 그것은 거의 모든 곳에 살고 있기 때문이다 / 즉 공기, 토양, 우리 몸의 다양한 부분들에, / 그리고 심지어 ░░░░░░░░░░░░░░░░.

구문분석

관계대명사

they live almost everywhere — [in air, soil, in different parts of our bodies, and even in some of the foods (that) we eat] 전치사구(everywhere 부연설명)
목적격 관계대명사 that 생략

목적격 관계대명사는 두 문장을 연결하면서 뒤 문장의 목적어를 대신하는 것으로 생략이 가능하다.
I like the book. + I read it yesterday. → I like the book (that / which) I read yesterday.
목적어

	주격 관계대명사	목적격 관계대명사	소유격 관계대명사
사람	a girl **who** lives next door	a girl **who(m)** he loves	a girl **whose** doll looks dirty
사물	a class **which** begins at 9	a class **which** he takes	a book **whose** cover is blue

2 But do not worry! // Most bacteria are good for us.

해석확인 하지만 걱정하지 마라! // ░░░░░░░░░░░░░░░░.

구문분석

수일치

Most bacteria are good for us.
주어　　동사

〈most+명사〉는 '대부분의 ~'라는 뜻으로 셀 수 있는 명사와 셀 수 없는 명사에 모두 쓰인다. 뒤에 오는 명사의 단·복수에 맞춰 수일치시킨다. 참고로 bacteria는 복수형 명사이다.

3 Some live in our digestive systems / and help us digest our food, / and some live in the environment and produce oxygen / so that we can breathe and live on Earth.

해석확인 어떤 것들은 우리의 소화기관에 살면서 / 우리가 음식을 소화시키는 것을 도와주고, / 어떤 것들은 주변에 살면서 산소를 만들어낸다 / ░░░░░░░░░░░░░░░░.

구문분석

so that

Some live in our digestive systems and help us digest our food, and some live in the
help+목적어+(to)동사원형

environment and produce oxygen so that we can breathe and live on Earth.
목적(~하기 위해서)

so that은 목적을 나타내는 접속사로, '~하기 위해서, ~할 수 있도록'이라는 의미이다. so that 뒤에는 보통 〈주어+can+동사원형〉 구조가 온다.

1 우리 주변에는 항상 많은 박테리아가 있는데 / 그것은 거의 모든 곳에 살고 있기 때문이다 / 즉 공기, 토양, 우리 몸의 다양한 부분들에, / 그리고 심지어 우리가 먹는 몇몇 음식들에까지.
2 하지만 걱정하지 마라! // 대부분의 박테리아는 우리에게 유익하다.
3 어떤 것들은 우리의 소화기관에 살면서 / 우리가 음식을 소화시키는 것을 도와주고, / 어떤 것들은 주변에 살면서 산소를 만들어낸다 / 우리가 지구에서 숨 쉬고 살 수 있도록.

수 있다. (B)는 우리에게 유익한 박테리아에 대해 설명하므로, 박테리아를 걱정하지 말라는 주어진 글 다음에 이어진다. 그리고 (B)의 내용과 반대로 우리를 병들게 하는 박테리아에 대해서 소개하는 (A)가 But으로 이어진다. (C)는 이러한 박테리아와 싸우는 약에 대해서 설명하므로, 마지막 순서로 오는 것이 적절하다.

유형 분석 및 선택률 확인

글의 순서 유형에서는 주어진 글의 주제 또는 중심 소재를 파악한 후 원인과 결과, 실험과 결론 등 주제에 맞는 글의 순서를 고려한다.

정답률	문항별 선택률				
79%	① 3%	② 79%	③ 10%	④ 3%	⑤ 3%

4

But unfortunately, / a few of these wonderful creatures / can sometimes make us sick. // This is when we need to see a doctor, / who may prescribe medicines / to control the infection.

해석확인 하지만 불행하게도, / 몇몇 이런 훌륭한 생명체들이 / 때로는 우리를 병들게 할 수 있다. // 이때가 우리가 의사에게 진찰 받아야 할 때이다 / ▨▨▨▨▨▨▨▨▨▨ / 감염을 통제하기 위해.

구문분석
관계대명사

This is [when we need to see a doctor, who may prescribe medicines to control the infection].
　　　　　　~할 때　　　　　　　　　　　계속적 용법의 관계대명사(who=and he/she)

관계대명사 앞에 콤마가 있으면 계속적 용법으로, 해석은 앞에서부터 순서대로 하면 된다. 〈접속사+대명사〉로 바꿔 쓸 수 있으며, 접속사를 and, but, because 등 내용에 따라 적절히 써야 한다.

5

But what exactly are these medicines / and how do they fight with bacteria? // These medicines are called "antibiotics," / which means "against the life of bacteria."

해석확인 그런데 이런 약은 정확히 무엇일까 / 그리고 어떻게 박테리아와 싸울까? // 이런 약은 '항생 물질'이라고 불리며, / ▨▨▨▨▨▨▨▨▨▨▨▨▨.

구문분석
수동태, 계속적 용법

These medicines are called "antibiotics," which means "against the life of bacteria."
　　　　　　　　　수동태　　　　　　　　계속적 용법(which=and it)

동사 call은 '~을 부르다'라는 뜻으로, 여기에서는 '(~으로) 불리다'라는 수동의 의미인 〈be+p.p.〉로 쓰였다.
관계대명사가 계속적 용법으로 쓰일 때 선행사는 앞에 나온 명사뿐만 아니라, 여기서처럼 앞 내용의 일부 또는 전체를 받을 수도 있다.

6

Antibiotics either kill bacteria or stop them from growing.

해석확인 항생 물질은 박테리아를 죽이거나 ▨▨▨▨▨▨▨▨▨▨▨.

구문분석
상관접속사

Antibiotics either kill bacteria or stop them from growing.
　　　　　　　　상관접속사　　　　　　~가 …하는 것을 막다

〈either A or B〉는 'A 또는 B'라는 의미로, 여기서는 두 개의 동사구를 대등하게 연결한다.

---

4 하지만 불행하게도, / 몇몇 이런 훌륭한 생명체들이 / 때로는 우리를 병들게 할 수 있다. // 이때가 우리가 의사에게 진찰 받아야 할 때이다 / 약을 처방해줄 수 있는 / 감염을 통제하기 위해.
5 그런데 이런 약은 정확히 무엇일까 / 그리고 어떻게 박테리아와 싸울까? // 이런 약은 '항생 물질'이라고 불리며, / 이는 '박테리아의 생명에 대항하는 것'을 의미한다.
6 항생 물질은 박테리아를 죽이거나 그것이 증식하는 것을 막는다.

Step 3 수능 필수 구문 O, X로 복습하기

구문 포인트 ❶

관계대명사 1

We always have a lot of bacteria around us, as they live almost everywhere — in air, soil, in different parts of our bodies, and even in some of the foods **[that / 생략]** we eat.

(○ that / ○ 생략)

앞의 명사 foods를 수식하는 관계대
명사절이 왔다. foods는 관계대명사
절의 목적어 역할이므로 목적격 관계
대명사 that을 적절하며, 이때 that
을 생략할 수도 있다.

관계대명사는 접속사와 명사를 대신하여 앞의 명사를 수식하는 절을 이끈다.
이때 목적어를 대신하면 관계대명사를 생략할 수 있다.

This is the book **(which / that)** she loves. (관계대명사 생략 가능)
선행사　　뒤 문장의 동사 loves의 목적어를 대신

구문 포인트 ❷

관계대명사 2

But unfortunately, a few of these wonderful creatures can sometimes make us sick. This is when we need to see a doctor, **[who / which]** may prescribe medicines to control the infection.

(○ who)

(✗ which)

선행사가 a doctor로 사람이므로,
사람 선행사를 받는 who가 와야 한
다.

관계대명사는 접속사와 명사를 대신하는 역할을 한다.
이때 대신하는 명사가 사람이면 who, 사물이면 which, that을 쓴다.

She is a pretty girl **who** loves animals. (사람)
It is the music **which/that** she loves. (사물)

구문 포인트 ❸

관계대명사 3

But what exactly are these medicines and how do they fight with bacteria? These medicines are called "antibiotics," **[which / and]** means "against the life of bacteria."

(○ which)

(✗ and)

뒤에 주어가 없는 절이 연결되고 있으
므로, 접속사와 주어 역할을 동시에
하는 관계대명사 which가 적절하다.

계속적 용법의 관계대명사는 앞의 명사, 또는 앞 내용의 일부 또는 전체를
수식하는 절을 이끈다.

Tomorrow is Monday, **which** means we should work.
(선행사는 앞 내용 전체)

본문 단어
check up

bacteria	박테리아	infection	감염
soil	토양, 흙	digest	소화하다
unfortunately	불행하게도	oxygen	산소
creature	생명체, 생물	breathe	숨 쉬다
prescribe	처방하다	antibiotic	항생 물질

Step 1 진짜 **수능** 문제 풀어보기

> Color can impact how you perceive weight. Dark colors look heavy, and bright colors look less so. Interior designers often paint darker colors below brighter colors to put the viewer at ease.

(A) In fact, black is perceived to be twice as heavy as white. Carrying the same product in a black shopping bag, versus a white one, feels heavier. So, small but expensive products like neckties and accessories are often sold in dark-colored shopping bags or cases.

(B) In contrast, shelving dark-colored products on top can create the illusion that they might fall over, which can be a source of anxiety for some shoppers. Black and white, which have a brightness of 0% and 100%, respectively, show the most dramatic difference in perceived weight.

(C) Product displays work the same way. Place bright-colored products higher and dark-colored products lower, given that they are of similar size. This will look more stable and allow customers to comfortably browse the products from top to bottom.

● 학력평가 2018(11월)

Q 주어진 글 다음에 이어질 글의 순서로 가장 적절한 것은?

① (A) − (C) − (B)　　　② (B) − (A) − (C)

③ (B) − (C) − (A)　　　④ (C) − (A) − (B)

⑤ (C) − (B) − (A)

▶ 정답과 해설은 바로 다음 페이지에서 보기　97

정답 및 해설

20 글의 순서 | 색의 밝기에 따른 무게 인식 차이 | 답 ⑤

주어진 글 다음에 이어질 문단을 내용과 논리에 맞게 구성해야 한다. 주어진 글에서는 어두운 색은 무겁게 인식되고 밝은 색은 덜 무겁게 인식된다는 점을 제시하며 실내 디자이너의 색 배치를 예로 들었다. (C)에서는 추가 예시를 들었으므로, 그 다음 순서에 해당한다.

1

Color can impact / how you perceive weight. // Dark colors look heavy, / and bright colors look less so. // Interior designers often paint darker colors / below brighter colors / to put the viewer at ease.

해석확인 색상은 영향을 줄 수 있다 / ▒▒▒▒▒▒▒▒▒▒▒▒▒▒▒▒. // 어두운 색은 무거워 보인다 / 그리고 밝은 색은 덜 그렇게 보인다. // 실내 디자이너들은 종종 더 어두운 색을 칠한다 / 더 밝은 색 아래에 / 보는 사람을 편하게 해주기 위해.

구문분석
관계부사

Color can impact [how you perceive weight]. Dark colors look heavy, and bright colors look less
　　　　　　　 관계부사
so.
부사(그렇게)

how you perceive weight은 선행사 the way가 생략된 관계부사절이다. 방법을 나타내는 관계부사 how는 선행사 the way와 함께 쓸 수 없고 둘 중 하나는 반드시 생략해야 한다.

관계부사의 의미	when ~할 때	where ~하는 곳에
	why ~하는 이유	how ~하는 방법, 방식

2

Product displays work the same way. // Place bright-colored products higher / and dark-colored products lower, / given that they are of similar size.

해석확인 상품 전시는 같은 방법으로 작동한다. // 밝은 색의 상품을 더 높이 배치하라 / 그리고 어두운 색의 상품을 더 낮게 / ▒▒▒▒▒▒▒▒▒▒▒▒▒▒▒▒.

구문분석
관용 표현

Place bright-colored products higher and dark-colored products lower, given that they are of
동사(명령문)　　　　　　　　　　　　　　　　　　　　　　　　　　　　　부사절 접속사(~임을 감안하면)
similar size.

given that은 '~라는 점을 고려해서, ~임을 감안하면'이라는 의미의 부사절 접속사로, 정보를 제시할 때 쓴다. 분사가 쓰인 관용 표현이다.

3

This will look more stable / and allow customers to comfortably browse the products / from top to bottom.

해석확인 이것은 더 안정적으로 보일 것이다 / 그리고 ▒▒▒▒▒▒▒▒▒▒▒▒▒▒▒▒ / 위에서부터 아래로.

구문분석
병렬

This will look more stable and allow customers to comfortably browse the products from top to
　　　 병렬　　　　　　　　　　　　　　　　　　 allow의 목적보어(to부정사)
bottom.

will look과 (will) allow가 and로 병렬 연결되었다. 병렬 구조에서 반복되는 will이 생략되었다.

---

1 색상은 영향을 줄 수 있다 / 여러분이 무게를 인식하는 방식에. // 어두운 색은 무거워 보인다 / 그리고 밝은 색은 덜 그렇게 보인다. // 실내 디자이너들은 종종 더 어두운 색을 칠한다 / 더 밝은 색 아래에 / 보는 사람을 편하게 해주기 위해.
2 상품 전시는 같은 방법으로 작동한다. // 밝은 색의 상품을 더 높이 배치하라 / 그리고 어두운 색의 상품을 더 낮게 / 그들이 비슷한 크기라면.
3 이것은 더 안정적으로 보일 것이다 / 그리고 고객들이 편안하게 상품을 훑어보게 해줄 것이다 / 위에서부터 아래로.

(B)에서는 'In contrast(대조적으로)'라는 연결사로 (C)에 반대되는 경우를 제시했으므로, (B)가 (C) 다음의 순서에 해당한다. 또한 (B)의 끝에서 어두운 색의 예를 검정색으로, 밝은 색의 예를 흰색으로 제시했고, (A)에서는 이 두 색이 구체적으로 얼마나 무게 인식 차이를 가지는지 설명하므로 마지막에 이어진다.

유형 분석 및 선택률 확인

글의 순서 유형은 내용의 흐름을 파악하는 것이 중요하다. 접속사, 대명사, 구체적인 예시 등을 통해 각 문단의 내용이 잘 연결되는지 확인한다.

정답률	문항별 선택률				
37.7%	① 10.6%	② 12.8%	③ 11.6%	④ 18.8%	⑤ 37.7%

4

In contrast, / shelving dark-colored products on top / can create the illusion / that they might fall over, / which can be a source of anxiety / for some shoppers.

해석확인 반대로, / 어두운 색의 상품을 맨 위에 두는 것은 / 착각을 줄 수 있다 / 상품들이 떨어질지도 모른다고 / / 일부 구매자들에게.

구문분석

명사절/관계대명사절

In contrast, shelving dark-colored products on top can create the illusion that they might fall over, which can be a source of anxiety for some shoppers.
동격 / 명사구 / 명사절 / 관계대명사 계속적 용법

the illusion의 구체적인 내용을 that이 이끄는 동격의 명사절로 덧붙였다. 콤마(,) 뒤에 오는 which는 계속적 용법의 관계대명사로 앞 내용에 대한 부가적인 설명을 제공한다. which는 and it과 같이 해석할 수 있다.

1. 명사절: that+완전한 문장	Everyone knows that he loves her.
2. 관계대명사절: which / that ...+불완전한 문장	She is the only one that he loves. (목적어가 없음)

5

Black and white, / which have a brightness of 0% and 100%, respectively, / show the most dramatic difference / in perceived weight. // In fact, / black is perceived / to be twice as heavy as white.

해석확인 검은색과 흰색은 / / 가장 극적인 차이를 보여준다 / 인식된 무게에서. // 사실, / 검은색은 인식된다 / 흰색보다 두 배 무거운 것으로.

구문분석

관계대명사

Black and white, which have a brightness of 0% and 100%, respectively, show the most
주어(선행사) / 관계대명사절(삽입절) / 동사

dramatic difference in perceived weight.

주어인 선행사를 수식하기 위해 관계대명사절이 삽입되었다. 주어는 복수이므로 동사도 복수형으로 수일치한다.

6

Carrying the same product in a black shopping bag, / versus a white one, / feels heavier. // So, / small but expensive products like neckties and accessories / are often sold / in dark-colored shopping bags or cases.

해석확인 같은 상품을 검은색 쇼핑백에 드는 것은 / 흰색 쇼핑백보다 / 더 무겁게 느껴진다. // 따라서, / 넥타이와 액세서리 같이 작지만 비싼 상품들은 / / 어두운 색의 쇼핑백 또는 케이스에.

구문분석

수동태

So, small but expensive products like neckties and accessories are often sold in dark-colored
주어 / 수동태

shopping bags or cases.

are sold는 수동태 표현으로 '(주어가) 판매되다'라고 해석한다. 주어가 길어졌으므로, 동사의 수일치와 해석에 주의한다.

---

4 반대로, / 어두운 색의 상품을 맨 위에 두는 것은 / 착각을 줄 수 있다 / 상품들이 떨어질지도 모른다고 / 그리고 이는 불안감의 원인이 될 수 있다 / 일부 구매자들에게.

5 검은색과 흰색은 / 명도가 각각 0%와 100%인 / 가장 극적인 차이를 보여준다 / 인식된 무게에서. // 사실, / 검은색은 인식된다 / 흰색보다 두 배 무거운 것으로.

6 같은 상품을 검은색 쇼핑백에 드는 것은 / 흰색 쇼핑백보다 / 더 무겁게 느껴진다. // 따라서, / 넥타이와 액세서리 같이 작지만 비싼 상품들은 / 흔히 판매된다 / 어두운 색의 쇼핑백 또는 케이스에.

Step 3 수능 필수 구문 O, X로 복습하기

구문 포인트 ❶

관계부사

Color can impact **[why / how]** you perceive weight. Dark colors look heavy, and bright colors look less so.

(O **how**)

(X **why**)

색깔에 따라 무게 인식, '방식'에 관한 것이므로 '방법, 방식'을 나타내는 관계부사 how가 적절하다. how 앞에 선행사 the way는 반드시 생략한다.

선행사의 의미에 맞게 when, where, how, why 중 알맞은 관계부사를 쓴다.

I know a restaurant **where** the food is excellent. (장소)
Do you know the reason **why** he left early? (이유)

구문 포인트 ❷

관계대명사

In contrast, shelving dark-colored products on top can create the illusion that they might fall over, **[which / that]** can be a source of anxiety for some shoppers.

(O **which**)

(X **that**)

관계대명사의 계속적 용법은 관계대명사 앞에 콤마(,)를 써 나타낸다. 관계대명사 that은 계속적 용법으로 쓰지 않는다.

관계대명사절이 쓰였을 때 콤마(,)가 관계대명사 앞에 있으면 계속적 용법으로 해석한다. 〈접속사+대명사〉 순서로 차례대로 해석한다.

I bought some books, **which** were written by J. K. Rowling.

= and they(the books)

구문 포인트 ❸

수일치

Black and white, which have a brightness of 0% and 100%, respectively, **[show / shows]** the most dramatic difference in perceived weight.

(O **show**)

(X **shows**)

관계대명사의 수식을 받아 주어의 길이가 길어졌으나, 실제 주어는 Black and white로 복수이다. 따라서 동사도 복수형 show로 수일치한다.

관계대명사의 수식을 받는 주어의 수일치와 해석에 주의한다.

The boy **who** met my parents is John.
단수 주어   단수 동사

본문 단어
check up

impact	영향을 주다	brightness	명도, 밝기
perceive	인식하다	respectively	각각
shelve	(선반에) 얹다	stable	안정적인
illusion	착각	comfortably	편안하게
anxiety	불안감	browse	훑어보다, 둘러보다

제한시간 50초 에 문제를 풀고
Step 2에서 문장분석을 확인하세요.

Are your friends more popular than you are? (①) There doesn't seem to be any obvious reason to suppose this is true, but it probably is. (②) At work or school, we are all more likely to become friends with someone who has a lot of friends than we are to befriend someone with few friends. (③) It's not that we avoid co-workers and classmates with few friends; rather it's more probable that we will be among a popular person's friends simply because he or she has a large number of them. (④) In Twitter, for example, it gives rise to what might be called the follower paradox: most people have fewer followers than their followers do. (⑤) Before you resolve to become more popular, remember that most people are in similar, sparsely populated boats.

● 학력평가 2014(9월)

Q 글의 흐름으로 보아, 주어진 문장이 들어가기에 가장 적절한 곳은?

> This simple realization is relevant not only to friends in real life, but also to followers on social media websites.

유형 해법을 적용하고 수능 구문에 따라 해석하세요.

Step 2 문장 집중분석

정답 및 해설

21 주어진 문장 친구 또는 팔로어 관계에서의 역설   답④

대명사나 연결어에 주의하여 문장 간의 관계를 추론한다. 주어진 문장의 this realization이 현실의 친구 관계뿐만 아니라 온라인 상의 관계에서도 적용된다는 말을 통해 그 뒤에 구체적인 온라인상의 관계에 대해 말할 것을 예측할 수 있는데 ④번 다음에 구체적인 트위터에 대한

---

1 Are your friends more popular / than you are? // There doesn't seem to be any obvious reason / to suppose this is true, / but it probably is.

해석확인 친구가 더 인기 있는가 / 여러분보다? // 이것은 분명한 근거가 없는 것처럼 보인다 / ▨▨▨▨▨ / 하지만 그것은 아마도 그럴 것이다.

구문분석

생략

There doesn't seem to be any obvious reason [to suppose (that) this is true], but it probably is (true).
　　　　　　　　　　　　　　　　　　　　　　　　suppose의 목적어절
생략

but it probably is 다음에 생략된 것은 true로 '사실이라는 명백한 근거는 없지만 사실이다'라는 의미로, 반복되는 형용사가 생략된 것에 주의한다.

---

2 At work or school, / we are all more likely to become friends / with someone who has a lot of friends / than we are to befriend someone with few friends.

해석확인 직장이나 학교에서, / 우리 모두는 친구가 될 가능성이 더 높다 / 친구가 많은 사람들과 / ▨▨▨▨▨▨▨▨▨▨▨▨▨.

구문분석

비교 대상

we are all more likely to become friends with someone [who has a lot of friends] than we are to befriend someone with few friends.
　　　　　　　　　　　　　　　　　　　　　　　　　　　비교의 대상

비교급에서 가장 유의할 점은 비교 대상의 형태와 기능이 같아야 한다는 점이다. 여기서는 어떤 이와 친구가 된다는 것을 비교하고 있으므로 someone 다음의 내용에 주의한다.

---

3 It's not that we avoid co-workers and classmates with few friends; / rather it's more probable that we will be among a popular person's friends / simply because he or she has a large number of them.

해석확인 우리는 친구가 거의 없는 동료나 급우를 피한다기보다는, / ▨▨▨▨▨▨▨▨▨ / 단순히 그나 그녀에게 친구들이 많기 때문에.

구문분석

rather

It's not that we avoid co-workers and classmates with few friends; rather it's more probable that
　　　　　　　　　　　　　　　　　　　　not A rather B

we will be among a popular person's friends

〈not A rather B〉는 'A라기보다는 B'라는 의미로 〈B rather than A〉로 바꿔서 쓸 수 있다. 그리고 세미콜론(;)은 문장을 연결하는 접속사 역할을 한다.

---

1 친구가 더 인기 있는가 / 여러분보다? // 이것은 분명한 근거가 없는 것처럼 보인다 / 사실이라고 생각할 만한 / 하지만 그것은 아마도 그럴 것이다.
2 직장이나 학교에서, / 우리 모두는 친구가 될 가능성이 더 높다 / 친구가 많은 사람들과 / 친구가 거의 없는 사람과 친구가 되기보다는.
3 우리는 친구가 거의 없는 동료나 급우를 피한다기보다는, / 우리가 인기 많은 사람의 친구 중의 한 사람으로 될 가능성이 더 높다 / 단순히 그나 그녀에게 친구들이 많기 때문에.

언급이 나오고 있다. 그리고 this realization은 내용상 '우리는 인기 많은 사람의 친구들 중의 한 사람이 될 가능성이 높다'는 깨달음을 나타내는 것으로, 그 깨달음이 온라인 상의 팔로어 관계에서 어떻게 드러나는지 ④번 다음의 내용으로 알 수 있게 된다.

주어진 문장 유형은 내용상 논리적 비약이 있는 곳을 찾거나 연결어와 대명사 등의 단서를 통해 위치를 찾을 수 있다.

정답률	문항별 선택률				
59%	① 5%	② 7%	③ 16%	④ 59%	⑤ 13%

4 This simple realization is relevant / not only to friends in real life, / but also to followers on social media websites.

해석확인 이런 단순한 깨달음은 관련이 있다 / ▨▨▨▨▨▨▨▨▨▨▨ / 소셜 미디어 웹사이트의 팔로어와도.

구문분석
상관 접속사

This simple realization is relevant <u>not only</u> to friends in real life, <u>but also</u> to followers on social media websites.
　　　　　　　　　　　　　　상관 접속사

〈not only A but also B〉의 구문으로 'A뿐만 아니라 B도'의 의미이다. A, B는 병렬구조로 같은 형태, 기능의 구가 온다.

not only A but also B = B as well as A A뿐만 아니라 B도	not A but B A가 아니라 B	either A or B A이거나 B	neither A nor B A도 B도 아닌	both A and B A와 B 둘 다

5 In Twitter, for example, / it gives rise to what might be called the follower paradox: / most people have fewer followers / than their followers do.

해석확인 예를 들어, Twitter에서 / ▨▨▨▨▨▨▨▨▨▨▨▨▨▨▨▨▨ / 다시 말해 대부분의 사람들이 더 적은 팔로어를 갖는다 / 그들의 팔로어들이 가진 (팔로어)보다.

구문분석
관계 대명사 what

it gives rise to <u>what</u> might be called the follower paradox: most people have fewer followers
　　　　　　　　　　관계대명사 what

than their followers <u>do</u>.
　　　　　　　　대동사(=have followers)

gives rise to에서 to의 목적어를 대신하면서 might be called의 주어 역할까지 해야 하므로 관계대명사 what을 쓴다.

1. 선행사가 있으면 that	She accepted the job (that / ~~what~~) he offered.
2. 선행사가 없으면 what	She accepted (~~that~~ / what) he offered.

6 Before you resolve to become more popular, / remember that most people are / in similar, sparsely populated boats.

해석확인 ▨▨▨▨▨▨▨▨▨▨▨▨▨. / 대부분의 사람들이 있다는 것을 기억해라 / 비슷하고, 사람들이 듬성듬성 있는 배에.

구문분석
동사의 특징

Before you resolve to become more popular, remember that most people are in similar,
　　　　　to부정사가 목적어 역할

sparsely populated boats.

resolve는 대개 문제, 분쟁 등을 '해결하다'라는 의미로 쓰이지만 여기서는 to부정사가 와서 '결심, 결의하다'는 의미로 쓰였다.

---

4 이런 단순한 깨달음은 관련이 있다 / 실제 생활에서의 친구들뿐만 아니라 / 소셜 미디어 웹사이트의 팔로어와도.
5 예를 들어, Twitter에서 / 그것은 팔로어의 역설이라고 불리는 것을 초래할 수 있다 / 다시 말해 대부분의 사람들이 더 적은 팔로어를 갖는다 / 그들의 팔로어들이 가진 (팔로어)보다.
6 더 인기 있게 되려고 결심하기 전에, / 대부분의 사람들이 있다는 것을 기억해라 / 비슷하고, 사람들이 듬성듬성 있는 배에.

Step 3 수능 필수 구문 O, X 로 복습하기

구문 포인트 ❶

관계대명사절의
수일치

At work or school, we are all more likely to become friends with someone who **[has / have]** a lot of friends than we are to befriend someone with few friends.

(⭘ has)

(✗ have)

관계대명사 who의 선행사가 someone으로 단수형이기 때문에 수일치시켜 has로 써야 한다.

관계대명사가 주격일 때 동사의 수는 선행사에 수일치시킨다.

The house that **overlooks** the lake cost more.
선행사   선행사가 단수이므로 수일치
         → (that 이하에 주어 없음)

구문 포인트 ❷

접속사
that

It's not that we avoid co-workers and classmates with few friends; rather it's more probable **[that / what]** we will be among a popular person's friends.

(⭘ that)

(✗ what)

뒷부분이 주어나 목적어가 빠지지 않은 완전한 문장이기 때문에 관계대명사가 아니라 접속사인 that을 쓴다.

관계대명사 that과 접속사 that을 구분한다.

| 명사절: that+완전한 문장 | She knows that I met him. |
| 관계대명사: that+불완전한 문장 | He is the one that I met. |

(that 이하에 목적어 없음)

구문 포인트 ❸

관계대명사
what

In Twitter, for example, it gives rise to **[that / what]** might be called the follower paradox: most people have fewer followers than their followers do.

(⭘ what)

(✗ that)

전치사 to의 목적어가 없고 might be called의 주어가 없기 때문에 이를 동시에 충족시킬 수 있는 관계대명사 what을 쓴다.

관계대명사 what은 다른 관계대명사와 달리 선행사가 없을 때 쓴다.

I haven't received **what** I ordered.
목적어 없음   목적어 없음
         → 양쪽 문장의 목적어를 대신

본문 단어
check up

obvious	분명한, 명백한	give rise to	~을 초래하다
suppose	추정하다	paradox	역설
be likely to	~할 가능성이 높다	sparsely	드문드문, 성기게
avoid	피하다	realization	깨달음, 자각
probable	개연성 있는	relevant	관련 있는

UNIT

8

처음 만나는 수능 유형

22 ~ 24

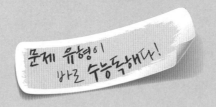
수능유형 글의 목적, 내용 불일치

유형 소개

글의 목적 유형은 필자가 글을 통해 말하고자 하는 바를 찾는 것으로 필자의 의도를 파악하는 것이 중요하다.

내용 불일치 유형은 지문, 실용 자료, 도표 3종류로 출제되며 실용 자료로는 광고문, 안내문 및 설명서 등이 온다. 세부 내용과 정보를 정확히 이해했는지 묻는 유형이다.

연도별
출제개수

2019
2020
2021

대의(목적)   내용 (불)일치

유형 해결 전략

1 글 종류와 소재를 파악
광고글이 제품의 홍보를 목적으로 하는 것처럼, 글의 종류나 소재를 보고 글의 목적을 쉽게 파악할 수 있다.

2 필자의 의도 파악
다양한 형태의 글을 읽고 어떤 내용을 전달하고자 하는지 파악하는 문제이므로 필자의 의도를 파악하는 것이 결국 글의 목적을 아는 것이다.
명령문, in my opinion 등 필자의 의도를 나타내는 표현들도 주의해서 본다.

다음 글의 목적으로 가장 적절한 것은?

　Do you have trouble sleeping? In fact, billions of people around the world struggle with sleep disorders. For many of them, getting a good night's rest is almost impossible, and it is mainly caused by stress. If you suffer from a sleep disorder, register for this free seminar on sleep health. It will be held October 22-24 at Trinitas Hospital. We'll focus on teaching you several effective ways to deal with stress-related sleep problems. Registration begins at 12 p.m. To learn more, please visit www.narsad.org.

① 수면에 대한 연구를 장려하려고
② 수면 관련 세미나 등록을 권유하려고
③ 불면증 치료 전문 병원을 소개하려고
④ 수면장애의 새로운 치료법을 안내하려고
⑤ 스트레스 관련 설문조사 협조를 요청하려고

목적 찾기

STEP 1 글의 서두의 역할
첫 문장의 질문은 글의 주제나 소재를 직간접적으로 드러내는 것으로, 이 글은 '수면장애'라는 소재로 전개될 것이라고 예상할 수 있다.

STEP 2 직접적인 주장
필자의 의도를 드러내는 표현에 집중한다. 글 중간의 명령문 register for this free seminar on sleep health를 통해 무료 수면 건강 세미나에 가입하라는 이 글의 목적을 알 수 있다.

STEP 3 오답 풀이
본문에서 불면증, 수면장애라는 소재를 다루고 있지만 ③'전문 병원'이나 ④'치료법을 안내하려는' 의도는 없다.

The music business is very popular, and many young people like you are attracted towards this industry. As music becomes more accessible, it is increasingly easy for music to be copied. Some budding musicians steal other people's work by copying popular artists and presenting it in the market as their own work. That is why music licensing is important. To protect your original songs from being stolen and copied, you as an artist can license what you have made and then sell the right to use your work to others. Then, although someone uses your music without permission, you, the original artist, can still get paid. Licensing protects music from being stolen and preserves both new and older music, and this is why music licensing exists. ● 학력평가 2014(6월)

Q 위 글의 목적으로 가장 적절한 것은?

① 뛰어난 신인 음악 작곡가를 모집하려고

② 음원 이용료의 책정 기준을 안내하려고

③ 음악 사용 허가권 등록의 필요성을 알리려고

④ 젊은 층이 가장 선호하는 음악을 소개하려고

⑤ 고전 음악의 현대적인 해석 방법을 설명하려고

Step 2 문장 집중분석

정답 및 해설

22 **목적** 음악 사용 허가권의 필요성 **답 ③**

필자가 하고 싶은 말은 글 중간부터 드러난다.
글 중간의 That is why music licensing is important.
이후에서 음악 사용 허가권의 중요성과 필요성을 모두
말하고 있으므로 이 글의 목적은 음악 사용 허가권의
중요성이라는 것을 알 수 있다.

---

1 The music business is very popular, / and many young people like you / are attracted towards this industry.

해석확인 음악 사업은 매우 인기가 있다 / 그래서 여러분과 같은 많은 젊은이들은 / ░░░░░░░░░░░░░░░░░░░░.

구문분석

수동태

many young people like you are attracted towards this industry
　　　　　　　　　　　　　　　　수동태

동사 attract는 '마음을 끌다'라는 뜻으로, 여기에서는 '(마음이) 끌리다'라는 수동의 의미인 〈be+p.p.〉로 썼다.

---

2 As music becomes more accessible, / it is increasingly easy / for music to be copied.

해석확인 ░░░░░░░░░░░░░░░░░░░░░, / 점차 쉬워진다 / 음악이 복제되는 것이.

구문분석

접속사
as

As music becomes more accessible, it is increasingly easy for music to be copied.
부사절 (~함에 따라)　　　　　　　　　　　　　　　　to부정사의 의미상 주어

접속사 as는 부사절을 이끄는 것으로 여러 가지 의미로 쓰인다.

~하듯이	~때문에	~할 때	~함에 따라/~하면서	~일지라도
As you know, I did it.	As he is young, he can't go there.	As I was young, I lived in Africa.	As you grow older, you'll be lonely.	Young as he was, he was brave.

---

3 Some budding musicians steal other people's work / by copying popular artists / and presenting it in the market as their own work. //
That is why music licensing is important.

해석확인 몇몇 신예 음악가들은 다른 사람들의 작품을 도용한다 / 인기 있는 예술가(의 작품)을 복제함으로써 / ░░░░░░░░░░░░░░░░░░░░░░░. // 따라서 음악 사용 허가권은 중요하다.

구문분석

병렬구조

Some budding musicians steal other people's work **by** copying popular artists **and** presenting
　　　　　　　　　　　　　　　　　　　　　동사　　　　　　　　　　　　병렬 구조

it in the market as their own work.
　　　　　　　　전치사

전치사 by의 목적어로 온 동명사가 and로 연결되는 병렬구조의 문장이다. 그리고 뒤에 있는 as는 접속사가 아니라 전치사로 '~로서'의 의미다.

---

1 음악 사업은 매우 인기가 있다 / 그래서 여러분과 같은 많은 젊은이들은 / 이 산업에 매력을 느낀다.
2 음악에 접근하기가 더 쉬워지면서, / 점차 쉬워진다 / 음악이 복제되는 것이.
3 몇몇 신예 음악가들은 다른 사람들의 작품을 도용한다 / 인기 있는 예술가(의 작품)를 복제함으로써 / 그리고 그것을 자신의 음악으로 시장에 내 놓음으로써. // 따라서 음악 사용 허가권은 중요하다.

오답 풀이

'budding musicians'를 보고 신인 음악가를 언급하고 있는 ①번을 섣불리 정답으로 잘못 고르지 않도록 유의한다.

유형 분석 및 선택률 확인

목적 찾기 문제는 글의 종류나 문장의 종류, 곧 명령문 등으로 파악할 수 있지만 전체 내용으로 파악하는 것이 중요하다.

정답률	문항별 선택률				
88%	① 5%	② 2%	③ 88%	④ 2%	⑤ 3%

4

To protect your original songs / from being stolen and copied, / you as an artist can license / what you have made / and then sell the right / to use your work to others.

해석확인 ⬛⬛⬛⬛⬛⬛⬛⬛⬛⬛⬛ / 도용과 복제로부터, / 예술가로서 당신은 등록할 수 있다 / 당신이 만든 작품을 / 그리고 권리를 팔 수 있다 / 다른 사람에게 당신의 작품을 사용할.

구문분석

To protect your original songs from being stolen and copied, you as an artist can license what
　　　　부사적 용법(~하기 위해서)　　　　　　동명사의 수동

you have made and then sell the right to use your work to others.
　　　　　　　　　　　　　　　　　　형용사적 용법

to부정사는 이 문장에서 목적의 의미로 쓰인 부사적 용법과 앞의 명사를 수식하는 형용사적 용법으로 쓰였다.

5

Then, although someone uses your music without permission, / you, the original artist, can still get paid.

해석확인 그러면 ⬛⬛⬛⬛⬛⬛⬛⬛⬛⬛⬛ / 원작자인 당신은 여전히 대가를 받을 수 있다.

구문분석

접속사

Then, although someone uses your music without permission, you, the original artist, can still
　　　　양보의 부사절　　　　　　　　　　　　　　　　　　동격

get paid.

Although는 양보의 부사절 접속사로, 어떤 사실이나 전제를 인정하지만 주절에서는 다른 내용을 말할 때 쓴다. 같은 의미의 단어로 though, even if, while 등이 있다.

6

Licensing protects music / from being stolen / and preserves both new and older music, / and this is why music licensing exists.

해석확인 음악 사용 허가권은 음악을 보호한다 / 도용되는 것으로부터 / 그리고 ⬛⬛⬛⬛⬛⬛⬛⬛ / 그리고 이것이 음악 사용 허가권이 존재하는 이유이다.

구문분석

상관 접속사

Licensing protects music from being stolen and preserves both new and older music, and this
　　　　　　　　　　　　　　　　　　　　　　　　　　상관접속사
is why music licensing exists.

상관접속사는 두 단어 이상이 항상 쌍을 이루어 쓰이는 접속사를 말하는 것으로 그 종류는 다음과 같다.

both A and B	either A or B	whether A or B	not only A but also B	neither A nor B
A와 B 모두	A 또는 B	A일지 B 일지	A뿐만 아니라 B도	A도 B도 아닌

---

4 당신의 원곡을 보호하기 위하여 / 도용과 복제로부터, / 예술가로서 당신은 등록할 수 있다 / 당신이 만든 작품을 / 그리고 권리를 팔 수 있다 / 다른 사람에게 당신의 작품을 사용할.

5 그러면 비록 누군가가 허가 없이 음악을 사용할지라도 / 원작자인 당신은 여전히 대가를 받을 수 있다.

6 음악 사용 허가권은 음악을 보호한다 / 도용되는 것으로부터 / 그리고 신구 음악 모두를 보호한다 / 그리고 이것이 음악 사용 허가권이 존재하는 이유이다.

Step 3 수능 **필수 구문** O, X로 복습하기

구문 포인트 ❶
부사절 1

[As / Although] music becomes more accessible, it is increasingly easy for music to be copied.

(O As)

(X Although)

음악이 점점 접하기가 쉬워진다고 했기 때문에 의미상 '~에 따라'라는 의미의 접속사 as를 쓴다.

문장과 문장을 연결하는 부사절의 접속사는 시간, 조건, 이유, 양보 등의 의미로 쓴다.

I'll come back before it is dark.
　　문장　　접속사　문장

시간	when, while, as, since
조건	if, unless
이유	because, since, as
양보	although, though, even if[though]

구문 포인트 ❷
부사절 2

Then, [because / although] someone uses your music without permission, you, the original artist, can still get paid.

(O although)

(X because)

허가 없이 음악이 사용되어도 대가를 지불 받는다는 반대 내용이 이어지기 때문에 양보의 부사절을 쓴다.

어떤 사실이나 조건 등을 인정하지만 다른 내용을 제시할 때 양보(비록 ~하지만)의 부사절을 쓴다.

Although she told a lie, she was innocent.
양보의 부사절(비록 ~하지만)
　　　　→ 비록 그녀가 거짓말을 했지만, 그녀는 죄가 없다.

구문 포인트 ❸
상관
접속사

Licensing protects music from being stolen and preserves [both / either] new and older music, and this is why music licensing exists.

(O both)

(X either)

'둘 다'의 의미이고 and가 있기 때문에 상관접속사 both를 쓴다.

항상 쌍을 이루어 쓰이는 접속사를 상관접속사라고 한다. 그리고 거의 모든 상관접속사는 뒤에 오는 단어에 동사의 수를 일치시킨다.

Either A or B, Neither A nor B, Not only A but also B
　　　　　　　　　　　　　　　　　　　　⇒ B에 일치

A as well as B ⇒ A에 일치

본문 단어
check up

attract	마음을 끌다	present	제출하다, 내놓다
industry	산업	license	(공적으로) 허가하다
accessible	접근(이용) 가능한	protect	보호하다
increasingly	점점 더	permission	허가
budding	신예의	preserve	지키다, 보존하다

제한시간 **50초** 에 문제를 풀고
Step 2에서 문장분석을 확인하세요.

Step 1 진짜 **수능** 문제 풀어보기

Dear Ms. Diane Edwards,

I am a teacher working at East End High School. I have read from your notice that the East End Seaport Museum is now offering a special program, the 2017 Bug Lighthouse Experience. The program would be a great opportunity for our students to have fun and experience something new. I estimate that 50 students and teachers from our school would like to participate in it. Would you please let me know if it is possible to make a group reservation for the program for Saturday, November 18? We don't want to miss this great opportunity. I look forward to hearing from you soon.

Best regards,

Joseph Loach

수능 2018(11월)

Q 위 글의 목적으로 가장 적절한 것은?

① 단체 관람 시 유의 사항을 안내하려고

② 교내 행사에 초청할 강사 추천을 부탁하려고

③ 프로그램 단체 예약이 가능한지를 문의하려고

④ 새로운 체험 학습 프로그램을 소개하려고

⑤ 견학 예정 인원수의 변경을 요청하려고

유형 해법을 적용하고 수능 구문에 따라 해석하세요.

Step 2 문장 집중분석

23 목적 박물관 단체 예약 문의 답③

필자가 누구인지, 글의 종류가 무엇인지 파악한다.
고등학교 교사가 박물관에서 실시하는 등대 체험 프로그램에 50명의 학생 및 교사들이 참여할 수 있는지 문의하는 이메일(편지)이다.
특히 마지막 부분에 있는 Would you please let me

1

Dear Ms. Diane Edwards, //
I am a teacher / working at East End High School.

해석확인
Diane Edwards 씨 귀하, //
저는 교사입니다 / _____.

구문분석
분사
I am a teacher working at East End High School.
　　　　　　　　　　현재분사(명사 수식)

working 이하가 명사 a teacher를 수식하는 형용사 역할을 한다.

2

I have read from your notice / that the East End Seaport Museum / is now
offering a special program, / the 2017 Bug Lighthouse Experience.

해석확인
저는 당신의 게시물에서 읽었습니다 / East End 항구 박물관이 / _____
/ 2017 Bug 등대 체험이라는.

구문분석
명사절 접속사
　　　　　　　　　　　　　　　　동격
I have read from your notice [that the East End Seaport Museum is now offering
　　　　　　　　　　　　　　명사절 접속사

a special program, the 2017 Bug Lighthouse Experience].
　　　　　　　　　　　동격

that은 명사절 접속사로, 앞에 있는 명사구 your notice와 동격인 명사절을 이끌어, 앞 명사구의 내용을 구체적으로 밝힌다.

3

The program would be a great opportunity / for our students / to have fun
and experience something new.

해석확인
그 프로그램은 훌륭한 기회가 될 것입니다 / 우리 학생들이 / _____.

구문분석
to부정사
　　　　　　　　　　　　　　　　　　　　　　　　　　　병렬구조
The program would be a great opportunity for our students to have fun and (to) experience
　　　　　　　　　　　　　　　　　　　　　　　　　　의미상 주어　　　　to부정사(형용사적 용법)
something new.

to have와 (to) experience가 and로 병렬 연결되어, 앞에 있는 명사구 a great opportunity를 수식한다. 이때 for our students는 to부정사의 의미상 주어로 '~가 …하는'으로 해석한다.

---

1 Diane Edwards 씨 귀하, // 저는 교사입니다 / East End 고등학교에서 근무하는.
2 저는 당신의 게시물에서 읽었습니다 / East End 항구 박물관이 / 현재 특별한 프로그램을 제공하고 있다는 것을 / 2017 Bug 등대 체험이라는.
3 그 프로그램은 훌륭한 기회가 될 것입니다 / 우리 학생들이 / 즐거운 시간을 보내며 새로운 것을 경험하는.

know ~?라는 표현을 통해 글을 쓴 의도가 명확하게
드러난다.
따라서 글의 목적으로 가장 적절한 것은 ③ '프로그램
단체 예약이 가능한지를 문의하려고'이다.

유형 분석 및 선택률 확인

이메일이나 편지글에서는 보통 필자의 의도를 명확히 밝히는 단서 문장(질문, 요청, 지시 등)이 제시되므로 이 점에 유의하여 글을 읽어야 한다.

정답률	문항별 선택률				
94%	① 1%	② 1%	③ 94%	④ 2%	⑤ 1%

4

I estimate / that 50 students and teachers from our school / would like to participate in it.

해석확인   저는 추산합니다 / 우리 학교의 50명의 학생들과 교사들이 / ▨▨▨▨▨▨▨▨▨▨▨▨▨▨▨.

 구문분석
명사절
접속사

I estimate [that 50 students and teachers from our school would like to participate in it].
　　　　　　명사절(estimate의 목적어)

that 이하는 동사 estimate의 목적어인 명사절이다. 명사절이 목적어 역할로 쓰일 때 접속사 that은 생략될 수 있다.

5

Would you please let me know / if it is possible to make a group reservation for the program / for Saturday, November 18?

해석확인   저에게 알려 주시겠습니까 / ▨▨▨▨▨▨▨▨▨▨▨▨▨▨▨▨▨ / 11월 18일 토요일에?

 구문분석
명사절
접속사

명사절 접속사(~인지 아닌지)
Would you please let me know [if it is possible to make a group reservation for the program for Saturday, November 18]?   가주어   진주어(to부정사)

know의 목적어로 접속사 if가 이끄는 명사절이 왔다. 여기서 if절의 주어인 to부정사구가 길어지자 가주어 it을 대신 써주고 진주어인 to부정사구는 뒤에 왔다.

cf. 명사절 접속사의 종류

명사절 접속사	that (~것)	주어: It is important **that** he loves you. 목적어: I know **that** he married princess Diana. 보어: The important thing is **that** he loves you.
	if/whether (~인지 아닌지)	주어: **Whether** he loves you is the important thing. 목적어: I wonder **if** he loves you. 보어: The important thing is **whether** he loves you.

6

We don't want to miss this great opportunity. // I look forward to hearing from you soon.

해석확인   우리는 이 좋은 기회를 놓치고 싶지 않습니다. // ▨▨▨▨▨▨▨▨▨▨▨▨▨▨▨▨▨▨.

구문분석
구동사

I look forward to hearing from you soon.
　　　　　 전치사   동명사

look forward to는 '~를 기대하다'라는 의미로 이때의 to는 전치사이며, 뒤에 동명사(-ing) 형태가 오는 것에 주의한다. 이처럼 동사가 부사, 전치사와 함께 한 덩어리로 쓰이는 것을 구동사라고 한다.

---

4 저는 추산합니다 / 우리 학교의 50명의 학생들과 교사들이 / 그 프로그램에 참여하기를 원할 것이라고.
5 저에게 알려 주시겠습니까 / 그 프로그램의 단체 예약을 하는 것이 가능한지 / 11월 18일 토요일에?
6 우리는 이 좋은 기회를 놓치고 싶지 않습니다. // 저는 귀하로부터 곧 소식을 듣기를 기대합니다.

Step 3 수능 **필수 구문** O, X로 복습하기

구문 포인트 ❶

명사절
접속사 1

I have read from your notice **[which / that]** the East End Seaport Museum is now offering a special program, the 2017 Bug Lighthouse Experience.

(O that)

(X which)

뒤에 완전한 절이 오므로 명사절 접속사 that이 적절하다. 앞에 있는 명사 notice와 동격인 명사절을 이끄는 접속사이다.

접속사 that이 이끄는 명사절은 주어, 보어, 목적어 역할로 쓰이며, 목적어 역할로 쓸 때는 that이 생략되기도 한다.

I know **(that)** you want to go with me.
목적어 역할

구문 포인트 ❷

명사절
접속사 2

Would you please let me know **[if / that]** it is possible to make a group reservation for the program for Saturday, November 18? We don't want to miss this great opportunity.

(O if)

(X that)

글쓴이가 단체 예약을 원하고 있으며, 이것이 가능한지 묻는 내용이 적절하므로, '~인지 (아닌지)'라는 뜻의 if가 적절하다.

의문이나 불확실한 사실은 명사절 접속사 if와 whether를 써서 나타낸다.

I don't know **if** he comes.
= I don't know **whether** he comes.
목적어(그가 오는지 아닌지)

구문 포인트 ❸

전치사

I look forward to **[hear / hearing]** from you soon.

(O hearing)

(X hear)

look forward to에서 to는 전치사이므로 명사 역할을 하는 동명사 hearing이 와야 한다.

to가 전치사로 쓰이는 구동사 표현에 주의한다.

I'm **used to** living in Paris. (~에 익숙해지다)
We're really **looking forward to** camping in the mountains.
(~를 기대하다)

본문 단어
check up

notice	알림, 공고문	opportunity	기회
seaport	항구	estimate	추산하다, 추정하다
offer	제공하다	participate in	~에 참가하다
lighthouse	등대	group reservation	단체 예약
experience	경험; 경험하다	look forward to	~를 기대하다

Step 1 진짜 **수능** 문제 풀어보기

The Nuer are one of the largest ethnic groups in South Sudan, primarily residing in the Nile River Valley. The Nuer are a cattle-raising people, whose everyday lives revolve around their cattle. They have various terms related to cattle, so they can distinguish between hundreds of types of cows, based on color, markings, and shape of horns. They prefer to be called by the names of the cattle they raise. The commonest daily foods for the Nuer are dairy products, especially milk for the young and soured milk, like yogurt, for adults. And wild fruits and nuts are favorite snacks for the Nuer. The Nuer also have a culture of counting only older members of the family. They believe that counting the number of children one has could result in misfortune and prefer to report fewer children than they have.

● 수능 2020(11월)

Q The Nuer에 관한 위 글의 내용과 일치하지 <u>않는</u> 것은?

① 주로 Nile River Valley에 거주한다.

② 소와 관련된 다양한 용어를 가지고 있다.

③ 자신들이 기르는 소의 이름으로 불리는 것을 선호한다.

④ 가장 일반적인 일상 음식은 유제품이다.

⑤ 어린 자녀의 수를 세는 것이 행운을 가져온다고 믿는다.

▶ 정답과 해설은 바로 다음 페이지에서 보기

Step 2 문장
집중분석

정답 및 해설

24 내용 불일치 Nuer 족의 특징과 문화 답 ⑤

빠르게 글을 읽으며 글의 내용을 보기와 일대일로 확인한다.
Nuer 족은 나이가 든 구성원의 수만 세는 문화가 있다고 말한 뒤, 자녀(어린 아이)의 수를 세는 것이 불운을 가져온다고 믿는다고 했으므로, ⑤는 글의 내용과 일치하지 않는다.

1
> The Nuer are one of the largest ethnic groups in South Sudan, / primarily residing in the Nile River Valley.

해석확인 Nuer 족은 South Sudan의 가장 큰 민족 집단 중 하나로, / ▨▨▨▨▨▨▨▨▨▨▨▨▨.

구문분석

분사구문

The Nuer are one of the largest ethnic groups in South Sudan, primarily residing in the Nile River Valley. <u>one of the+최상급</u>   <u>분사구문(부대상황)</u>

primarily residing 이하는 분사구문으로, 부사절의 의미를 나타낸다. 여기서는 부대상황, 곧 덧붙여 설명하는 의미로 해석한다.

2
> The Nuer are a cattle-raising people, / whose everyday lives revolve around their cattle.

해석확인 Nuer 족은 소를 기르는 민족으로, / ▨▨▨▨▨▨▨▨▨▨▨▨▨.

구문분석

관계대명사

The Nuer are a cattle-raising people, <u>whose everyday lives revolve around their cattle.</u>
                                      <u>계속적 용법(whose=and their)</u>

관계대명사 앞에 콤마가 있으면 계속적 용법으로, '~하는데, ~해서'라고 해석한다. whose는 소유격 관계대명사로, 앞에 나온 명사 a cattle-raising people을 가리키는 대명사 역할과 접속사 역할을 동시에 한다.

3
> They have various terms related to cattle, / so they can distinguish between hundreds of types of cows, / based on color, markings, and shape of horns.

해석확인 그들에게는 소와 관련된 다양한 용어가 있다 / ▨▨▨▨▨▨▨▨▨▨▨▨▨▨▨ / 색상, 무늬, 그리고 뿔의 모양에 근거해서.

구문분석

등위접속사

They have various terms related to cattle, <u>so</u> they can distinguish between hundreds types of
                                           <u>등위접속사(절과 절 연결)</u>

cows, <u>based on color, markings, and shape of horns.</u>
      <u>분사구문(-ed)</u>

절과 절이 등위접속사 so에 의해 병렬 연결되어 있다. 앞 절에서는 목적어가 분사의 수식을 받아 길어졌으며, 뒤에 오는 절에서는 분사구문의 수식을 받아 길어졌다.

and	but	or	nor	so
그리고	하지만	또는	또한 ~아니다	그래서

1 Nuer 족은 South Sudan의 가장 큰 민족 집단 중 하나로, / 주로 Nile River Valley에 거주한다.
2 Nuer 족은 소를 기르는 민족으로, / 그들의 일상생활은 자신들의 소를 중심으로 돌아간다.
3 그들에게는 소와 관련된 다양한 용어가 있다 / 그래서 그들은 수백 가지 유형의 소를 구별할 수 있다 / 색상, 무늬, 그리고 뿔의 모양에 근거해서.

오답 풀이 (본문 내용 확인)

① primarily residing in the Nile River Valley
② They have various terms related to cattle
③ They prefer to be called by the names of the cattle they raise.
④ The commonest daily foods for the Nuer are dairy products

유형 분석 및 선택률 확인

내용 (불)일치 문제는 기본적으로 선택지를 통해 전체 내용을 짐작하여 읽으면 보다 쉽게 접근할 수 있다.

정답률	문항별 선택률				
96%	① 1%	② 1%	③ 1%	④ 1%	⑤ 96%

4

They prefer / to be called by the names of the cattle / they raise.

해석확인 그들은 선호한다 /   / 자신들이 기르는.

구문분석

to부정사 수동

They prefer to be called by the names of the cattle (that) they raise.
      to부정사(명사적 용법)   관계대명사절

prefer의 목적어로 to부정사가 왔다. call은 '~을 부르다, ~라고 부르다'라는 뜻인데, 여기서는 수동의 의미로 쓰여, ⟨to be+p.p.⟩의 형태로 쓰였다.

5

The commonest daily foods for the Nuer / are dairy products, / especially milk for the young / and soured milk, like yogurt, for adults. // And wild fruits and nuts are favorite snacks for the Nuer.

해석확인 Nuer 족에게 가장 일반적인 일상 음식은 / 유제품이다 /   . // 그리고 야생 과일과 견과류는 Nuer 족이 특히 좋아하는 간식이다.

구문분석

병렬 구조

The commonest daily foods for the Nuer are dairy products,
                        동사   목적어

especially milk for the young and soured milk, like yogurt, for adults.
                     병렬 구조

보어 dairy products에 대한 부연 설명으로 두 개의 명사구가 등위접속사 and로 병렬 연결되었다. ⟨the+형용사⟩는 '~한 사람들'이라는 뜻으로, the young은 여기서 '어린이들'을 뜻한다.

6

The Nuer also have a culture / of counting only older members of the family. // They believe / that counting the number of children one has / could result in misfortune / and prefer to report fewer children / than they have.

해석확인 Nuer 족은 또한 문화를 가지고 있다 / 집안의 나이가 든 구성원만 세는. // 그들은 믿는다 /   / 불운을 가져올 수 있다고 / 그리고 더 적은 수의 자녀를 말하는 것을 선호한다 / 자신이 가진 것보다.

구문분석

명사절 접속사

They believe [that counting the number of children (that) one has could result in misfortune]
            명사절 접속사   관계대명사절

that절은 동사 believe의 목적어절을 이끄는 접속사이다.

목적어절 접속사 that	동격절의 that	부사절의 that
I think **that** he is cool.	I have **a belief that** she loves me.	She was **so** beautiful **that** I can't forget her.

4 그들은 선호한다 / 소의 이름으로 불리는 것을 / 자신들이 기르는.
5 Nuer 족에게 가장 일반적인 일상 음식은 / 유제품이다 / 특히 어린이들을 위해서는 우유이고 / 어른들을 위해서는 요구르트와 같은 산유(발효유)이다. // 그리고 야생 과일과 견과류는 Nuer 족이 특히 좋아하는 간식이다.
6 Nuer 족은 또한 문화를 가지고 있다 / 집안의 나이가 든 구성원만 세는. // 그들은 믿는다 / 어떤 사람이 가진 자녀의 수를 세는 것은 / 불운을 가져올 수 있다고 / 그리고 더 적은 수의 자녀를 말하는 것을 선호한다 / 자신이 가진 것보다.

Step 3 수능 필수 구문 O, X 로 복습하기

구문 포인트 ❶

관계대명사

The Nuer are a cattle-raising people, **[whose / who]** everyday lives revolve around their cattle.

(O whose)

(X who)

관계대명사절에 주어가 존재하므로, 주어인 명사 앞에 쓸 수 있는 소유격 관계대명사가 적절하다.

관계대명사 who와 whose의 차이는 다음과 같다.
I have a friend who likes painting. (주어 또는 목적어 대신)
　　　　　　　=and (s)he
I have a friend whose hobby is painting. (소유격 대신)
　　　　　　　　=and his(her)

구문 포인트 ❷

분사구문

They have various terms related to cattle, so they can distinguish between hundreds of types of cows, **[base / based]** on color, markings, and shape of horns.

(O based)

(X base)

동사를 연결하는 접속사가 없기 때문에, 분사구문을 형성하도록 분사 형태로 써야 한다.

분사구문을 쓰는 이유는 '절'을 '구'로 줄여서 간단하게 표현이 가능하기 때문이다.
　　　　　　절 (clause)
While I was walking on the street, I met John.

　　Walking on the street, I met John.
　　　　구 (phrase)

구문 포인트 ❸

접속사

They believe that counting the number of children one has could result in misfortune **[and / that]** prefer to report fewer children than they have.

(O and)

(X that)

이 문장에는 동사 believe가 이미 있기 때문에 prefer가 오려면 접속사로 연결되어야 한다.

한 문장에는 항상 하나의 동사만 나와야 하며 등위접속사가 있을 때에만 여러 동사를 쓸 수 있다.

You'd better take the train ~~leave~~ at two.
　　①등위접속사로 연결 ←→ ②분사로 변경
　　　→ and leave(동사)　　→ leaving(train 수식)

본문 단어 *check up*			
ethnic	민족의, 민족 전통의	distinguish	구별하다
reside in	~에 거주하다	marking	무늬
people	사람들, 민족	horn	뿔
revolve	돌다, 회전하다	soured milk	산유(발효유)
term	용어, 기간, 학기	misfortune	불운

UNIT
9

-------- 처음 만나는 수능 유형 --------

25~27

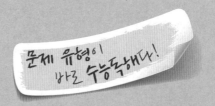

25~27

유형 소개

내용 (불)일치 유형은 글의 세부적인 정보가 일치 또는 불일치하는지 판단하는 문제이다.
선택지를 통해 무엇에 관한 글인지 파악하고 일치, 문제에서 묻는 것이 일치인지 불일치인지 살펴보아야 한다.
최근에는 안내문, 광고문 등 실용문(자료)에 대한 내용 일치, 불일치 문제가 각각 출제되고 있다.

연도별 출제개수

2019
2020
2021

세부 내용   실용문

유형 해결 전략

1 선택지 이용

선택지를 먼저 훑어보고 지문에서 어떤 정보를 확인해야 하는지 살펴본다. 각 선택지의 정보가 있는 부분을 빠르게 찾아 대조하며 확인한다.

2 인물, 동·식물 등이 질문에 대한 일치, 불일치

글이 주된 소재가 무엇인지를 파악했으면 선택지와 지문의 내용을 순서대로 대조한다. 대부분 지문에서 나오는 정보 순서대로 선택지도 나오기 때문에 차례대로 지문과 대조한다.

Igbo에 대한 다음 글의 내용과 일치하는 것은?

The Igbo occupy densely settled farming areas in southeastern Nigeria. They form Nigeria's third largest ethnic group with around 25 million Igbos. Their history is not happy, though. Many Igbos fell victim to slavery as their territory was close to the gulf of Guinea. The Igbo have a reputation for hard work, ambition and a love of education. Traditional-minded Igbos will not eat the new season's yam until Ikeji, the annual new yam festival. Although they are mostly Christian, many Igbos still practice the traditional religion of Odinani. They speak their own language, Igbo, and the majority of them speak English, too.

① Nigeria 인구 중 차지하는 비율이 가장 높다.
② 노예제도로 인한 피해를 입지 않았다.
③ 근면함과 교육에 대한 열의로 유명하다.
④ Ikeji라는 축제를 2년에 한 번씩 연다.
⑤ 영어 사용자가 소수에 불과하다.

내용 일치, 불일치

STEP 1 선택지를 먼저 확인

● 지문을 읽기 전에 선택지를 통해 전반적인 내용을 파악해 둔다.
● Igbo에 대한 일치 문제이므로 어떤 내용을 찾아야 할지 확인한다.

STEP 2 내용과 일치하는 선택지를 확인

● Igbo인들은 근면하여 야망이 있고, 교육에 대한 열의가 있는 것으로 명성이 자자하다는 내용이 나오므로 본문과 일치하는 선택지는 ③이다.

STEP 3 오답 풀이

① They form Nigeria's third largest ethnic group (세 번째로 큰 인종 집단)
② Many Igbos fell victim to slavery as their territory was close to the gulf of Guinea. (노예 제도로 많은 희생이 발생)
④ Ikeji, the annual new yam festival (매년 열림)
⑤ the majority of them speak English, too (대다수가 영어를 사용)

Step 1 진짜 **수능** 문제 풀어보기

Pocket gophers include several species that range across the western half of the United States. They prefer habitats where the earth is soft and easy to dig in, and they spend most of their time underground. As many as seven young are born in the spring. As soon as they are weaned, they dig burrows of their own and begin life alone. Mature gophers are 6–13 inches long and weigh up to a pound. Their bodies are fur covered except for a short thick tail. Gophers eat roots and other parts of plants they encounter while digging underground.

● 학력평가 고2 2015(3월)

* wean: 젖을 떼다

Q pocket gopher에 관한 위 글의 내용과 일치하지 <u>않는</u> 것은?

① 부드러운 흙이 있는 곳을 서식지로 선호한다.

② 새끼는 젖을 떼자마자 독립한다.

③ 성장하면 무게가 1파운드까지 나간다.

④ 털이 무성한 긴 꼬리가 있다.

⑤ 식물성 먹이를 먹는다.

Step 2 문장 집중분석

1 Pocket gophers include several species / that range across the western half of the United States.

해석확인 땅다람쥐는 여러 종을 포함한다 /   .

구문분석
전치사구

Pocket gophers include several species [that range across the western half of the United States].
관계대명사   전치사(부사 역할)

위치를 나타내는 전치사인 across ~ 이하가 '~전반에 걸쳐'라는 부사의 의미를 나타낸다.

2 They prefer habitats / where the earth is soft and easy to dig in, / and they spend most of their time underground.

해석확인 그것들은 서식지를 선호한다 /   / 그리고 대부분의 시간을 지하에서 보낸다.

구문분석
관계부사

They prefer habitats where the earth is soft and easy to dig in, and they spend most of their
관계부사

time underground.
부사(지하에)

관계부사는 앞뒤의 문장을 연결하며 부사 역할을 대신하는 것을 말한다.
This is the house **where** Tom used to live. ← This is **the house.** + Tom used to live **in the house**.

시간 when	장소 where	이유 why	방법 how
the day **when** we met (우리가 만났던 날)	the house **where** I live (내가 살고 있는 집)	the reason **why** you missed it (네가 그것을 그리워했던 이유)	**how** I solved the problem (내가 문제를 해결했던 방법)

3 As many as seven young are born in the spring. // As soon as they are weaned, / they dig burrows of their own / and begin life alone.

해석확인 일곱 마리나 되는 새끼들이 봄에 태어난다. //   / 자신의 굴을 판다 / 그리고 혼자 살기 시작한다.

구문분석
접속사

As soon as they are weaned, they dig burrows of their own and begin life alone.
~하자마자

as soon as는 '~하자마자'의 의미로, as soon as 다음에는 절뿐만 아니라 as soon as possible(가능한 빨리)처럼 구도 올 수 있다.

---

1 땅다람쥐는 여러 종을 포함한다 / 미국의 서쪽 절반에 걸쳐 분포하는.
2 그것들은 서식지를 선호한다 / 땅이 부드럽고 파기 쉬운 곳인 / 그리고 대부분의 시간을 지하에서 보낸다.
3 일곱 마리나 되는 새끼들이 봄에 태어난다. // 새끼들은 젖을 떼자마자 / 자신의 굴을 판다 / 그리고 혼자 살기 시작한다.

① habitats where the earth is soft
② As soon as they are weaned, ~ begin life alone
③ weigh up to a pound
⑤ eat roots and other parts of plants

내용 불일치 유형은 각 선택지를 본문의 내용과 하나하나 비교하며 일치하지 않는 부분을 찾는다.

정답률	문항별 선택률				
92%	① 3%	② 1%	③ 2%	④ 92%	⑤ 2%

---

4 Mature gophers are 6–13 inches long / and weigh up to a pound.

해석확인 다 자란 땅다람쥐는 ▨▨▨▨▨▨▨▨ / 무게가 1파운드까지 나간다.

구문분석
길이, 높이 표현

Mature gophers are 6–13 inches long and weigh up to a pound.
　　　　　　　　　　길이 표현

6–13 inches long처럼 길이는 〈숫자+단위+long〉으로 표현하며, 높이는 5 meters tall처럼 〈숫자+단위+tall/high〉로 표현한다. 너비는 〈숫자+단위+wide〉로 쓴다.

---

5 Their bodies are fur covered / except for a short thick tail.

해석확인 ▨▨▨▨▨▨▨ / 짧고 굵은 꼬리를 제외하고.

구문분석
특수 어순

Their bodies are fur covered except for a short thick tail.
　　　　　　〈명사+형용사/분사〉의 어구

높이, 넓이의 표현처럼 fur covered는 하나의 어구이며 fur-covered라고도 할 수 있다.

---

6 Gophers eat roots and other parts of plants / they encounter while digging underground.

해석확인 땅다람쥐는 뿌리와 식물의 다른 부분을 먹는다 / ▨▨▨▨▨▨▨.

구문분석
분사구문

Gophers eat roots and other parts of plants [(that) they encounter while digging underground.]
　　　　　　　　　　　　　　　　　　　　　　　관계대명사　　　　　　　접속사+분사구문

분사구문은 일반적으로 접속사를 생략하지만 의미를 명확하게 하기 위해서 〈접속사+-ing /-ed〉로 쓰기도 한다.
Sleeping many hours, I was tired. → **Because** sleeping too many hours, I was tired. (이유)
　　　　　　　　　　　　　　　　　→ **Though** sleeping many hours, I was tired. (양보)

---

4 다 자란 땅다람쥐는 길이가 6인치에서 13인치가 되며 / 무게가 1파운드까지 나간다.
5 그것의 몸은 털로 덮여 있다 / 짧고 굵은 꼬리를 제외하고.
6 땅다람쥐는 뿌리와 식물의 다른 부분을 먹는다 / 땅을 파는 동안에 마주치는.

Step 3 수능 **필수 구문** O, X로 복습하기

구문 포인트 ❶
관계부사

They prefer habitats **[which / where]** the earth is soft and easy to dig in, and they spend most of their time underground.

(◯ where)

(✗ which)

선행사가 장소이고 뒷문장이 완전한 문장이기 때문에 관계부사 where를 쓴다.

관계부사는 관계대명사와 달리 뒤에 완전한 문장이 오며 관계부사를 포함한 문장은 장소, 시간 등의 부사구를 대신한다.

관계대명사	This is the city which has many parks. 주어 없음
관계부사	This is the city where I was born. 빠지는 부분이 없음(장소 부사만 없음)

구문 포인트 ❷
길이, 높이
표현

Mature gophers are 6-13 **[inches long / long inches]** and weigh up to a pound.

(◯ inches long)

(✗ long inches)

길이, 높이를 나타낼 때는 〈숫자+단위+long / tall〉의 어순으로 쓴다.

높이, 너비 등은 〈숫자+단위+long/high/tall/wide〉로 쓴다.

길이	five inches long	시간	four hours late
높이	six feet high	너비	four inches wide

구문 포인트 ❸
분사구문

Gophers eat roots and other parts of plants they encounter **[while digging / unless digging]** underground.

(◯ while digging)

(✗ unless digging)

분사구문의 의미를 분명하게 하기 위한 접속사 사용에 주의한다.

분사구문은 -ing나 -ed로 시작하는 문장으로, 부사절의 의미를 지니고 있다. 그래서 종종 부사절 접속사와 함께 쓰여 의미가 강조되기도 한다.

Though feeling tired, I went to work early.
피곤했지만

본문 단어
check up

include	포함하다	dig	파다
range	(범위가) ~에 이르다	burrow	굴
habitat	서식지	mature	다 자란
young	새끼	except for	~를 제외한
underground	지하에	encounter	맞닥뜨리다

H. Mephisto is a kind of roundworms living deep underground on Earth. Its name comes from Mephistopheles, which means "one who dislikes the light." It was recently discovered even 1.3 kilometers below the ground in a South African gold mine. It only measures from 0.52 to 0.56 millimeters in length, which may sound so small, but it is millions of times bigger than the bacteria it feeds on. It survives huge pressure from the ground above. In addition, it lives in groundwater with extremely low levels of oxygen. No wonder it is also called a devil's worm.

● 학력평가 2013(3월)

* roundworm: 선형동물

Q H. Mephisto에 관한 위 글의 내용과 일치하지 <u>않는</u> 것은?

① 빛을 싫어한다는 뜻이 이름에 담겨있다.

② 최근에 지하 1.3km 지점에서 발견되었다.

③ 자신보다 몸집이 큰 박테리아를 먹는다.

④ 고압의 환경에서도 살아남는다.

⑤ 산소가 희박한 지하수에 산다.

정답 및 해설

26 내용 불일치 H. Mephisto에 관한 설명 답 ③

각 선택지에 제시된 정보를 빠르게 대조하며 확인한다. 본문 it is millions of times bigger than the bacteria it feeds on을 보면 H. Mephisto는 먹이인 박테리아보다 수백만 배 크다고 했으므로 ③이 일치하지 않는다.

Step 2 문장 집중 분석

---

1 H. Mephisto is a kind of roundworms / living deep underground on Earth.

해석확인 H. Mephisto는 선형동물의 일종이다 / ████████████████.

구문분석 H. Mephisto is a kind of roundworms living deep underground on Earth.
　　　　　　　　　　　　　　　　　　　　　　　　　분사

분사 living~ 이하는 앞의 명사 roundworms를 수식하는 분사이며, deep underground on Earth라는 전치사구가 포함된 부사구로 인해 길어진 경우이다.

---

2 Its name comes from Mephistopheles, / which means "one who dislikes the light."

해석확인 그것의 이름은 Mephistopheles에서 유래하는데 / ████████████████.

구문분석 Its name comes from Mephistopheles, which means "one who dislikes the light."
　　　　　　　　　　　　　　　　　　　　　관계대명사　　　　　　　　　관계대명사

관계대명사 관계대명사 which ~이하는 앞 문장 전체를 받는 것으로, and it의 의미이기 때문에 동사는 means로 단수형을 쓰고 있다. 또한 관계대명사 who도 선행사가 one으로 단수형이기 때문에 dislikes로 수일치시킨다.

---

3 It was recently discovered / even 1.3 kilometers below the ground in a South African gold mine.

해석확인 최근 그것은 발견되었다 / 심지어 ████████████████.

구문분석 It was recently discovered even 1.3 kilometers below the ground in a South African gold mine.
　　　　　　　　　　　　　수동태　　　　　　　　　　　　　　　　부사구

전치사구 전치사 below, in은 장소를 나타내는 것으로, 여기에서는 부사 역할의 구를 형성한다.

---

1 H. Mephisto는 선형동물의 일종이다 / 지구의 깊은 땅 속에 사는.
2 그것의 이름은 Mephistopheles에서 유래하는데 / 그것은 '빛을 싫어하는 자'를 뜻한다.
3 최근 그것은 발견되었다 / 심지어 남아프리카 금광 지하 1.3 km에서도.

오답 풀이(본문 내용 확인)

① Its name ~ which means "one who dislikes the light."
② discovered even 1.3 kilometers below the ground
④ It survives huge pressure
⑤ it lives in groundwater with extremely low levels of oxygen

유형 분석 및 선택률 확인

내용 일치, 불일치 문제에서 대명사가 자주 나와 서술하고 있는 대상이 무엇인지 확실하게 파악하는 것이 중요하다.

정답률	문항별 선택률				
63%	① 6%	② 7%	③ 63%	④ 16%	⑤ 8%

4

It only measures / from 0.52 to 0.56 millimeters in length, / which may sound so small, / but it is millions of times bigger / than the bacteria it feeds on.

 그것은 겨우 측정된다 / 길이는 0.52mm에서 0.56mm로 / 그것은 아주 작게 들릴 수도 있지만 / ▨▨▨▨▨▨▨▨▨ / 그것이 먹고 사는 박테리아보다는.

 It only measures from 0.52 to 0.56 millimeters in length, which may sound so small, but it is

배수사

from A to B(A에서 B까지)

millions of times bigger than the bacteria it feeds on.

숫자 time(s)+비교급+than ~(~보다 몇 배 더 …한)

〈숫자+time(s)+비교급+than ~〉은 '~보다 몇 배 더 …한'이라는 의미의 배수사 비교급이라고 한다. 배수사는 twice, three times, four times 등을 말한다.

5

It survives huge pressure / from the ground above. //
In addition, / it lives in groundwater / with extremely low levels of oxygen.

해석확인 그것은 엄청난 압력을 견뎌낸다 / 지상으로부터의. //
게다가 / 그것은 지하수에서 산다 / ▨▨▨▨▨▨.

구문분석 It survives huge pressure from the ground above. In addition, it lives in groundwater with

(위기 등) 견뎌내다   형용사 역할   부사 역할

전치사구 extremely low levels of oxygen.

형용사 역할

전치사구는 일반적으로 부사 역할을 하지만 with extremely low levels of oxygen처럼 명사를 수식하는 형용사 역할도 한다. 참고로 survive는 '살아남다'는 의미 외에, 목적어가 오면 '견뎌내다, ~보다 더 오래 살다'라는 의미이다.

부사 역할	He studied music in France for two years. (시간, 장소 등의 의미)
형용사 역할	She is watering the plants in the garden. (명사 수식)

6

No wonder it is also called a devil's worm.

해석확인 그것이 악마의 벌레라고도 불리는 것은 ▨▨▨▨▨▨▨▨▨▨▨.

구문분석 No wonder it is also called a devil's worm.

~은 놀랄 일이 아니다(당연하다)

숙어 No wonder는 it is no wonder that~을 간단히 줄여 쓴 문구이다.

4 그것은 겨우 측정된다 / 길이는 0.52mm에서 0.56mm로 / 그것은 아주 작게 들릴 수도 있지만 / 수백만 배 더 크다 / 그것이 먹고 사는 박테리아보다는.
5 그것은 엄청난 압력을 견뎌낸다 / 지상으로부터의. // 게다가 / 그것은 지하수에서 산다 / 산소가 극도로 희박한.
6 그것이 악마의 벌레라고도 불리는 것은 놀라운 일이 아니다.

Step 3 수능 필수 구문 O, X로 복습하기

구문 포인트 ❶

부사구

H. Mephisto is a kind of roundworms **[living / living in]** deep underground on Earth.

(O living)

(X living in)

부사 deep과 마찬가지로 underground가 부사의 의미이기 때문에 전치사 없이 living을 쓴다.

한 단어가 형용사, 부사 의미 모두를 나타낼 수 있는 단어들에 주의한다.

| inside | 내부의; 내부에 | inward | 안의; 안쪽에 |
| outside | 외부의; 외부에 | outward | 밖의; 밖에 |

구문 포인트 ❷

배수사 비교

It only measures from 0.52 to 0.56 millimeters in length, which may sound so small, but it is millions of times **[bigger / as big as]** than the bacteria it feeds on.

(O bigger)

(X as big as)

뒤에 비교 대상을 나타내는 than이 왔기 때문에 bigger를 쓴다.

배수사 표현은 〈배수사+-er than ~〉이나 〈배수사+as ~ as〉로 나타낼 수 있다.

| as ~ as | It is **three times as fast as** the train. |
| -er than | It is **three times faster than** the train. |

구문 포인트 ❸

접속부사

It survives huge pressure from the ground above. **[In addition / Nevertheless]**, it lives in groundwater with extremely low levels of oxygen.

(O In addition)

(X Nevertheless)

새로운 내용이 추가되는 것이므로 In addition을 쓴다.

접속부사는 접속사의 의미를 갖지만 접속사가 아니라 부사 역할을 한다.

| 결과 | therefore | 추가 | in addition |
| 대조 | in contrast | 역접 | however |

본문 단어
check up

come from	~에서 유래하다	measure	(치수 등이) ~이다
recently	최근에	feed on	~을 먹다
discover	발견하다	pressure	압력
below	아래에	extremely	극도로
mine	광산	oxygen	산소

Step 1 진짜 **수능** 문제 풀어보기

The Great Salt Lake is the largest salt lake in the Western Hemisphere. The lake is fed by the Bear, Weber, and Jordan rivers and has no outlet. At the close of the Ice Age the entire region was submerged beneath a lake of meltwater, and overflow from the lake flowed into the Pacific Ocean through the Snake and Columbia rivers. The great climatic change the lake underwent and continued evaporation, exceeding the inflow of fresh water, reduced the lake to one-twentieth of its former size. The majority of salt in the Great Salt Lake is a remnant of dissolved salts that are present in all fresh water. As the water evaporated, the traces of dissolved salts were gradually concentrated in the shrinking lake.

● 수능 2013(11월)

Q Great Salt Lake에 관한 위 글의 내용과 일치하지 <u>않는</u> 것은?

① 서반구에서 가장 큰 소금호수이다.

② Bear 강, Weber 강, Jordan 강에서 물이 유입된다.

③ 전 지역이 물에 잠긴 적이 있다.

④ 심한 기후 변화와 계속된 증발로 크기가 줄었다.

⑤ 대부분의 소금은 바닷물이 증발하여 남은 것이다.

▶ 정답과 해설은 바로 다음 페이지에서 보기

Step 2 문장
집중분석

27 내용 불일치 | Great Salt 호수에 대한 설명   답 ⑤

배경지식이 아니라 본문 내용을 근거로 판단해야 한다. 본문 a remnant of dissolved salts that are present in all fresh water에서 대부분의 소금은 담수에 용해된 것임을 알 수 있다. 따라서 ⑤가 일치하지 않는다.

---

1   The Great Salt Lake is the largest salt lake / in the Western Hemisphere.

해석확인   Great Salt Lake는 [   ] / 서반구에서.

구문분석   The Great Salt Lake is the largest salt lake in the Western Hemisphere.
                              최상급

최상급   '가장 ~한'의 표현인 최상급은 the+ -est로 나타낸다. 뒤의 비교 대상은 〈in+단수명사〉나 〈of+복수명사〉로 나타낸다.

in+단수명사	the best in the world (세상에서 가장 좋은)
of+복수명사	the best of them (그들 중에서 가장 좋은)

---

2   The lake is fed / by the Bear, Weber, and Jordan rivers / and has no outlet.

해석확인   [   ] / Bear 강, Weber 강, 그리고 Jordan 강에서 / 그리고 (물이) 나가는 출구는 없다.

구문분석   The lake is fed by the Bear, Weber, and Jordan rivers and has no outlet.
             수동태

수동태   동사 feed는 '먹이다, 공급하다'의 의미로, be fed by~는 '~에 의해 공급되다, 유입되다'로 해석하면 된다.

---

3   At the close of the Ice Age / the entire region was submerged / beneath a lake of meltwater, / and overflow from the lake flowed / into the Pacific Ocean / through the Snake and Columbia rivers.

해석확인   빙하기가 끝났을 때 / 그 전 지역은 잠겼다 / 빙하가 녹은 물로 된 호수 아래로 / 그리고 [   ] [   ] / 태평양으로 / Snake 강과 Columbia 강을 통해.

구문분석   At the close of the Ice Age the entire region was submerged beneath a lake of meltwater, and
                                  주어   동사

주어 찾기   overflow from the lake flowed into the Pacific Ocean through the Snake and Columbia rivers.
         주어   동사

전치사구가 문장 앞뒤에 있어서 복잡해 보이기 때문에 주어, 동사를 먼저 찾아야 한다. and 다음 문장의 동사는 overflow가 아니라 flowed로, overflow가 '넘치다'라는 의미도 있지만 여기서는 '넘쳐 흐른 물'이라는 명사로 이 문장의 주어이다.

---

1 Great Salt Lake는 가장 큰 염수호이다 / 서반구에서.
2 그 호수는 물이 유입된다 / Bear 강, Weber 강, 그리고 Jordan 강에서 / 그리고 (물이) 나가는 출구는 없다.
3 빙하기가 끝났을 때 / 그 전 지역은 잠겼다 / 빙하가 녹은 물로 된 호수 아래로 / 그리고 그 호수로부터 넘쳐 흐른 물은 빠져나갔다 / 태평양으로 / Snake 강과 Columbia 강을 통해.

오답 풀이(본문 내용 확인)

① the largest salt lake in the Western Hemisphere
② fed by the Bear, Weber, and Jordan rivers
③ the entire region was submerged
④ The great climatic change the lake underwent
and continued evaporation, ~ reduced the lake

유형 분석 및 선택률 확인

내용 일치, 불일치 문제에서 대상을 서술하는 방식이 다른 것과 비교하거나 대조하는 경우가 있으므로 비교, 최상급 표현에 주의한다.

정답률	문항별 선택률				
83%	① 1%	② 4%	③ 8%	④ 4%	⑤ 83%

4 The great climatic change the lake underwent / and continued evaporation, exceeding the inflow of fresh water, / reduced the lake / to one-twentieth of its former size.

해석확인　그 호수가 겪은 심한 기후 변화와 / 담수의 유입량을 초과한 계속된 증발이 / ▨▨▨▨▨▨ / 이전 크기의 20분의 1로.

구문분석

동사 찾기

[The great climatic change the lake underwent and continued evaporation, exceeding the
　　[　]이 주어
inflow of fresh water], reduced the lake to one-twentieth of its former size.
　　　　　　　　　　　　동사　　목적어

이 문장에서 주어는 The great climatic change ~ exceeding the inflow of fresh water까지로 꽤 길다. 따라서 먼저 동사 reduced를 찾으면 뒤의 목적어와 부사구 중심으로 쉽게 문장을 해석할 수 있다.

5 The majority of salt in the Great Salt Lake / is a remnant of dissolved salts / that are present in all fresh water.

해석확인　▨▨▨▨▨▨▨▨▨▨ / 용해된 소금의 잔존물이다 / 모든 담수에 있는.

구문분석

수일치

The majority of salt in the Great Salt Lake is a remnant of dissolved salts that are present in all fresh water.

주어가 The majority of salt로, salt가 단수이므로 동사도 단수인 is로 수일치시킨다. 이처럼 부분, 분수 등의 표현일 때 수일치에 주의한다.

half [all, most, part, portion, rest, some, percent, fraction, majority 등]	+단수 명사 → 단수로 수일치
	+복수 명사 → 복수로 수일치

6 As the water evaporated, / the traces of dissolved salts were gradually concentrated / in the shrinking lake.

해석확인　물이 증발함에 따라 / ▨▨▨▨▨▨▨▨▨▨ / 줄어드는 호수에.

구문분석

동사의 특징

As the water evaporated, the traces of dissolved salts were gradually concentrated in the
~함에 따라　　　　　　　　　　　　　　　　　　　　　　　　　　동사
shrinking lake.

동사 concentrate는 '집중하다(시키다)'라는 의미로 많이 쓰이지만, 과학 쪽에서 쓸 때는 주로 타동사인 '농축시키다'의 의미이기 때문에 수동태로 많이 쓴다. trace는 '자취, 흔적'이라는 뜻 외에도 '미량'이라는 뜻이 있다.

4 그 호수가 겪은 심한 기후 변화와 / 담수의 유입량을 초과한 계속된 증발이 / 호수를 줄어들게 했다 / 이전 크기의 20분의 1로.
5 Great Salt Lake에 있는 대부분의 소금은 / 용해된 소금의 잔존물이다 / 모든 담수에 있는.
6 물이 증발함에 따라 / 미량의 용해된 소금이 서서히 농축되었다 / 줄어드는 호수에.

Step 3 수능 필수 구문 O, X 로 복습하기

구문 포인트 ❶

주어 찾기

At the close of the Ice Age the entire region was submerged beneath a lake of meltwater, and **[overflow / overflowed]** from the lake flowed into the Pacific Ocean through the Snake and Columbia rivers.

(O **overflow**)

(X **overflowed**)

이미 문장의 동사 flowed가 있기 때문에 주어 역할의 명사가 필요하다.

문장에서 먼저 주어와 동사를 찾아야 한다.

Because the number of cars increases dramatically,
　　　　종속절 주어　　　　　동사

city officials plan expand the roadway.
　주어　　　동사　　　　→ to expand

구문 포인트 ❷

동사 찾기

The great climatic change the lake underwent and continued evaporation, exceeding the inflow of fresh water, **[reducing / reduced]** the lake to one-twentieth of its former size.

(O **reduced**)

(X **reducing**)

주어는 The great climatic change ~ fresh water로 동사가 필요하기 때문에 reduced를 써야한다.

한 문장에는 하나의 주어와 동사만 있어야 한다.

The boy is wearing a hat is my cousin.
　주어　　　　　　　　　　동사
　　　　→ 동사가 될 수 없으므로
　　　　분사 wearing으로 바꿔쓰기

구문 포인트 ❸

수일치

The majority of salt in the Great Salt Lake **[is / are]** a remnant of dissolved salts that are present in all fresh water.

(O **is**)

(X **are**)

주어가 The majority of salt로 salt가 단수이므로 동사도 단수인 is로 수일치시킨다.

부분, 분수 등의 표현일 때는 of 뒤의 명사에 수일치시킨다.

A half of the tomato **is** rotten. (단수)
A half of the tomatoes **are** rotten. (복수)

본문 단어
check up

outlet	배출구	exceed	넘다
submerge	물 속에 잠기다	remnant	남은 부분
meltwater	해빙수	dissolved	용해된
overflow	넘침, 범람, 유수	concentrate	농축시키다, 집중하다
evaporation	증발	shrinking	줄어드는

UNIT
10

---------- 처 음 만 나 는 수 능 유 형 ----------

28 ~ 30

28~30

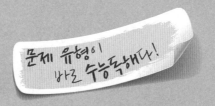

유형소개

도표 유형은 막대 그래프, 선 그래프, 원 그래프 등의 정보를 파악하는 문제로 도표의 내용과 불일치되는 문장을 찾는 유형이다. 도표의 내용과 수치 등을 이해하고 각 문장과 비교하여 읽어야 한다.

연도별 출제개수

2019
2020
2021

유형해결전략

1 도표의 의미 파악   도표의 제목 및 글의 첫 문장을 통해 무엇에 관한 것인지 파악한다.
도표 주변, 특히 위에 있는 제목이나 비교 항목들을 먼저 보도록 한다.

2 선택지와 도표 내용 확인   글의 문장을 하나씩 도표와 비교하며 일치 여부를 확인한다.
문장들은 비교급, 최상급, 배수 표현으로 거의 이루어져 있으므로 도표 수치와 비교 대상에 유의한다.

다음 도표의 내용과 일치하지 않는 것은?

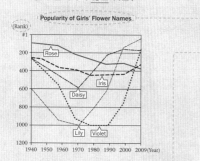

The above graph shows the rank of popularity of girls' flower names in the U.S. during the time period 1940 - 2009. ①The popularity of the flower names in the graph generally decreased from 1940 to 1970. ②Among the five names, Rose was ranked the highest in 1940 and the lowest in 2009. ③The name Lily became popular again starting in 1970 and reached its highest rank in 2009. ④In 1990, all the names but Violet were ranked higher than the 400th place. ⑤The rank of Iris was lower than that of Daisy in 2000.

도표

STEP 1 도표의 의미 파악

● 도표의 제목과 비교 항목을 통해 무엇에 관한 것인지 파악한다.
● 글의 첫 문장에서도 여자아이의 이름으로 꽃 이름 사용의 인기 순위를 보여주는 도표라고 설명하고 있다.

STEP 2 선택지와 도표를 비교하면서 읽기

1990년의 순위를 세로로 따라가 보면 400위 안에 들지 못한 꽃 이름은 Violet뿐만 아니라 Iris과 Lily도 있다. 따라서 ④번 문장은 도표 내용과 일치하지 않는다.

STEP 3 오답 풀이

① 1940년에서 1970년까지 여자아이의 꽃 이름 인기는 계속 감소
② Rose는 1940년에 최고 인기였고 2009년에 가장 낮음
③ Lily의 인기는 1970년 이후에 계속 증가
⑤ 2000년에 Iris의 순위는 Daisy보다 낮음

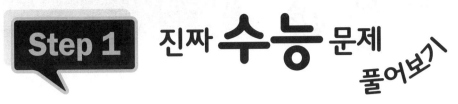
제한시간 60초 에 문제를 풀고
Step 2에서 문장분석을 확인하세요.

Step 1 진짜 **수능** 문제 풀어보기

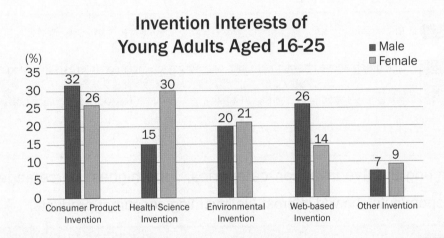

Invention Interests of Young Adults Aged 16-25

The graph above shows the results of a survey on invention interests in young adults aged 16 to 25 in 2011. ① Among the five invention categories, the highest percentage of male respondents showed interest in inventing consumer products. ② For health science invention, the percentage of female respondents was twice as high as that of male respondents. ③ The percentage point gap between males and females was the smallest in environmental invention. ④ For web-based invention, the percentage of female respondents was less than half that of male respondents. ⑤ In the category of other invention, the percentage of respondents from each gender group was less than 10 percent.

● 학력평가 2019(9월)

Q 위 도표의 내용과 일치하지 <u>않는</u> 것은?

Step 2 문장 집중 분석

정답 및 해설

28 도표 청년들의 발명 관심 분야 조사 답 ④

무엇에 관한 어떤 내용을 담은 도표인지 파악한다. 발명 관심 분야에 관한 도표로 ④에서 웹 기반 발명 분야의 여성 비율이 남성 비율의 절반보다 더 적다고 했지만 도표를 보면 남성은 26, 여성은 14로 절반 값인 13보다 크기 때문에 도표와 일치하지 않는다.

---

1 The graph above shows the results of a survey on invention interests / in young adults aged 16 to 25 / in 2011.

해석확인 위 그래프는 ▨▨▨▨▨▨▨▨▨▨▨▨▨▨ / 16세부터 25세 청년들의 / 2011년에 있었던.

구문분석
3형식

The graph above <u>shows</u> <u>the results of a survey on invention interests in young adults</u>
　　　　　　　동사　　　목적어

동사 shows의 목적어는 the results ~ invention interests이다. 전치사구의 수식을 받아 목적어가 길어졌다.

---

2 Among the five invention categories, / the highest percentage of male respondents showed interest / in inventing consumer products.

해석확인 다섯 개 범주의 발명 분야 중에서 / ▨▨▨▨▨▨▨▨▨▨▨▨ / 소비재를 발명하는 것에.

구문분석
최상급

<u>Among the five invention categories</u>, the <u>highest percentage</u> of male respondents showed
　전치사(최상급 비교 대상)　　　　　　the+최상급+명사

interest in inventing consumer products.

형용사나 부사 뒤에 -est를 붙이거나 앞에 most를 붙여 최상급을 만든다. '가장 ~한/~하게'라는 뜻을 나타낸다. 최상급 앞에는 정관사 the를 붙이는 것이 원칙이다.

cf. 최상급 표현에는 of, among, in 등을 써서 어떤 집단 '중에서' 최상임을 나타낼 수 있다.

the -est	of+복수형, among+복수형	the highest rate **among major nations**
	in+단수형	the biggest city **in Korea**

---

3 For health science invention, / the percentage of female respondents / was twice as high as that of male respondents.

해석확인 건강 과학 발명 분야에서, / 여성 응답자의 비율은 / 남성 응답자의 비율보다 ▨▨▨▨▨▨.

구문분석
배수사

the percentage of female respondents was <u>twice as high as</u> <u>that</u> of male respondents.
　　　　　　　　　　　　　　배수사 표현　　대명사(the percentage를 받음)

배수를 나타내는 숫자 표현(twice, three times, four times …)을 쓰면 두 배, 세 배처럼 배수로 수량을 비교할 수 있다. 원급 비교 표현 as ~ as를 함께 쓰면 '몇 배만큼 ~한'이라는 의미가 된다.
My father is now <u>three times as old as</u> I am. (우리 아빠는 이제 나보다 세 배만큼 나이가 많으시다.)

---

1 위 그래프는 발명 관심 분야에 관한 조사의 결과를 보여준다 / 16세부터 25세 청년들의 / 2011년에 있었던.
2 다섯 개 범주의 발명 분야 중에서 / 가장 높은 비율의 남성 응답자가 관심을 보였다 / 소비재를 발명하는 것에.
3 건강 과학 발명 분야에서, / 여성 응답자의 비율은 / 남성 응답자의 비율보다 두 배만큼 높았다.

오답 풀이

① 전 분야 중 소비재 분야의 남성 비율이 가장 높다.
② 건강 과학 분야의 여성 비율은 30, 남성 비율은 15로
   여성이 남성보다 두 배 높다.
③ 환경 분야에서 성별 비율 차이는 1퍼센트포인트로
   가장 작다.
⑤ 기타에서 남성은 7, 여성은 9로 10퍼센트보다 적다.

유형 분석 및 선택률 확인

도표 문제는 먼저 도표의 가로, 세로축과 도표 제목을 통해 무슨 내용인지 파악해야
한다. 그래야 비교 대상 간의 내용을 빨리 파악할 수 있다.

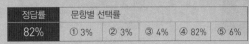

정답률	문항별 선택률				
82%	① 3%	② 3%	③ 4%	④ 82%	⑤ 6%

4

The percentage point gap between males and females / was the smallest /
in environmental invention.

해석확인   / 가장 작았다 / 환경 발명 분야에서.

구문분석

도표 용어

The percentage point gap between males and females was the smallest in environmental
invention.
                        전치사구   최상급

각각의 비율 차이를 말할 때는 percentage point gap이라는 표현을 쓴다. 〈between A and B〉 표현을 써서 각각의 비
교 대상이 무엇인지 밝혔다.

5

For web-based invention, / the percentage of female respondents / was less
than half that of male respondents.

해석확인   웹 기반 발명 분야에서, / 여성 응답자의 비율은 /   .

구문분석

비교급

the percentage of female respondents was less than half that of male respondents.
                                          비교급 표현

less than은 '~보다 더 적은'이라는 뜻이다. 일반적으로 비교급 문장은 〈-er than〉 구조로 than 다음에는 비교 대상이
온다. 이때 비교 대상은 문법적, 형태적으로 동등해야 한다.

6

In the category of other invention, / the percentage of respondents from
each gender group / was less than 10 percent.

해석확인   기타 발명 분야의 범주에서 /   / 10퍼센트보다 더 적었다.

구문분석

each

the percentage of respondents from each gender group was less than 10 percent.
                               each+명사   비교급 표현

each는 '각각의' 또는 '각각'이라는 뜻으로, 명사 앞에 또는 대명사로 쓰인다. each는 단수 취급하며, each 뒤에는 단수
명사만 올 수 있다.
Each book has a different color. (각각의 책은 색깔이 다르다.)

4 남성과 여성 간 퍼센트포인트의 차이가 / 가장 작았다 / 환경 발명 분야에서.
5 웹 기반 발명 분야에서, / 여성 응답자의 비율은 / 남성 응답자의 비율의 절반보다 더 적었다.
6 기타 발명 분야의 범주에서 / 각 성별 집단의 응답자 비율은 / 10퍼센트보다 더 적었다.

Step 3 수능 필수 구문 O, X 로 복습하기

구문 포인트 ❶

최상급

Among the five invention categories, the **[higher / highest]** percentage of male respondents showed interest in inventing consumer products.

(⭕ **highest**)

(❌ **higher**)

앞에 the가 쓰였고, 〈among + 복수명사〉로 여러 개의 대상 중에서 비교하기 때문에 최상급이 적절하다. 비교급은 두 개의 대상을 상대적으로 비교할 때 쓴다.

최상급은 the -est 또는 the most ~의 형태로 '가장 ~한/~하게'라는 뜻을 나타낸다. 최상급 표현에는 of~, among~, in~을 붙여서 어떤 집단 '중에서' 최상인지 나타낼 수 있다.

Seoul is **the biggest** city in Korea.

구문 포인트 ❷

비교 대상

For health science invention, the percentage of female respondents was twice as high as **[that / those]** of male respondents.

(⭕ **that**)

(❌ **those**)

twice as ~ as는 '두 배만큼 ~한'이라는 뜻이다. 이때 비교 대상이 the percentage이므로 단수 대명사 that을 써야 한다.

한 문장 안에서 앞에 나온 비교 대상을 지칭하여 쓸 때는 단수일 때 that, 복수일 때 those를 쓴다.

The **scores** are twice as high as **those** of other subjects.

구문 포인트 ❸

비교급

In the category of other invention, the percentage of respondents from each gender group was less **[than / of]** 10 percent.

(⭕ **than**)

(❌ **of**)

비교급 뒤에서 비교 대상을 나타내는 전치사는 of가 아니라 than이다.

비교급은 -er 또는 more ~의 형태로 '(…보다) 더 ~한/~하게'라는 뜻을 나타낸다. 비교급 뒤에는 than을 붙여서 비교하는 대상이 무엇인지 나타낼 수 있다.

She is **taller than** he is.

본문 단어
check up

survey	조사	twice	두 배, 두 번
invention	발명	gap	차이
interest	관심, 흥미	environmental	환경의
percentage	백분율, 퍼센트	half	절반
respondent	응답자	gender	성, 성별

Step 1 진짜 **수능** 문제 풀어보기

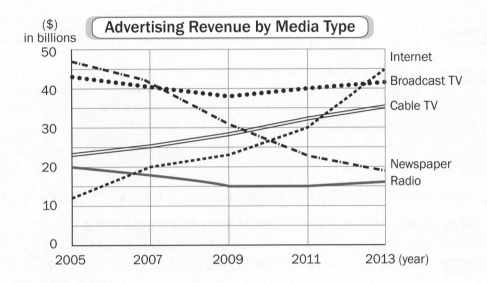

The graph above shows trends in advertising revenue by media type from 2005 to 2013. ① Between 2005 and 2007, the amount of advertising revenue earned by newspapers was the largest among the five media types. ② However, the newspaper ad revenue had continuously dropped since 2005 and ranked the second from the bottom in 2013, next to the ad revenue of radio. ③ Since 2005, the Internet ad revenue had noticeably increased, and in 2013 it surpassed the previously leading ad revenue source, broadcast TV. ④ The ad revenue of cable TV had increased steadily since 2005 and became more than twice that of radio in 2009. ⑤ Between 2009 and 2013, unlike the other four media types, the radio ad revenue changed little, remaining around 15 billion dollars.

● 학력평가 고2 2014(9월)

Q 위 도표의 내용과 일치하지 <u>않는</u> 것은?

유형 해법을 적용하고 수능 구문에 따라 해석하세요.

 **Step 2** **문장** 집중분석

정답 및 해설

29 도표 광고 매체별 수입 추이   답 ④

가로축과 세로축, 각각의 선이 무엇을 의미하는지 파악한다.
케이블 TV의 광고 수입은 2005년 이후 증가해왔지만, 2009년의 광고 수입은 30 billions 아래였고 같은 해 라디오는 약 15 billions였다. 따라서 두 배를 넘었다고 말한 ④는 도표와 일치하지 않는다.

1

The graph above shows trends in advertising revenue / by media type from 2005 to 2013.

> **해석확인** 위 그래프는 광고 수입의 추이를 보여준다 /   .

> **구문분석**
>
> **전치사**
>
> The graph above shows trends in advertising revenue by media type from 2005 to 2013.
>   ~에 따른   ~부터 ...까지
>
> by는 기준이나 단위, from ~ to는 기간을 말할 때 쓸 수 있다. revenue란 '수입, 수익'이란 뜻으로 이 그래프는 매체별, 기간별 광고 수입을 나타낸다.

2

Between 2005 and 2007, / the amount of advertising revenue earned by newspapers / was the largest among the five media types.

> **해석확인** 2005년과 2007년 사이에, /   / 다섯 가지 매체 유형 중 가장 컸다.

> **구문분석**
>
> **분사**
>
> the amount of advertising revenue [earned by newspapers] was the largest among the five
>   주어   분사(revenue를 수식)   동사   the+최상급+among
>
> media types.
>
> 명사 revenue를 분사구가 수식한다. 이때 revenue는 '벌어들이는' 주체가 아니라 대상이므로 수동을 의미하는 과거분사 (earned)가 쓰였다. 분사의 길이가 길어지면 이처럼 명사 뒤에서 수식한다.

3

However, the newspaper ad revenue / had continuously dropped since 2005 / and ranked the second from the bottom in 2013, / next to the ad revenue of radio.

> **해석확인** 그러나 신문 광고 수입은 /   / 2013년에는 밑에서 두 번째를 차지했다 / 라디오 광고 수입 다음으로.

> **구문분석**
>
> **과거완료**
>
> the newspaper ad revenue had continuously dropped since 2005
>   과거완료(had+p.p.)   ~이래로(시작 시점)
>
> had ~ dropped는 과거완료를 나타내는 〈had+p.p.〉 형태로 쓰여, 과거 특정 시점에 시작되어 계속되었던 일을 나타 낸다.
>
> **cf.** 과거완료 시제는 현재완료처럼 '경험, 계속, 결과, 완료'를 나타내며, 과거에 시작되어 과거에 끝난 일을 말한다.
> I **had**n't **seen** him since last year. (계속)

---

1 위 그래프는 광고 수입의 추이를 보여준다 / 2005년부터 2013년까지 매체 유형에 따른.
2 2005년과 2007년 사이에, / 신문이 벌어들인 광고 수입 총액은 / 다섯 가지 매체 유형 중 가장 컸다.
3 그러나 신문 광고 수입은 / 2005년 이래로 계속 떨어졌고 / 2013년에는 밑에서 두 번째를 차지했다 / 라디오 광고 수입 다음으로.

오답 풀이

① 2005~2007년에 가장 높은 것은 신문이다.
② 신문은 2005년부터 계속 하락하여 2013년에는 라디오 다음으로 두 번째로 낮게 나타난다.
③ 인터넷은 계속 증가하여 2013년에는 가장 높다.
⑤ 라디오는 2009~2013년 약 150억 달러를 유지했다.

유형 분석 및 선택률 확인

도표 문제에서 중요한 것은 각각의 수치가 시간 또는 유형별로 어떻게 나타나는지 기준에 맞게 비교하며 문장의 내용을 확인하는 것이다.

정답률	문항별 선택률				
77%	① 3%	② 5%	③ 8%	④ 77%	⑤ 5%

4

Since 2005, / the Internet ad revenue had noticeably increased, / and in 2013 / it surpassed the previously leading ad revenue source, broadcast TV.

해석확인 2005년 이래로 / 인터넷 광고 수입은 눈에 띄게 증가했고, / 2013년에는 /

구문분석

도표 용어

in 2013 it surpassed the previously leading ad revenue source, broadcast TV.
　　　　주어　　동사　　　　　　　　　　　　　　　　　　　동격

도표에서 상승, 증가, 감소, 하락 등을 나타내는 어휘 표현을 알아두자.

상승/증가하다	increase, rise, go up, reach the peak	초과/추월하다	exceed, surpass
감소/하락하다	decrease, drop, fall, go down, hit the bottom	(~의) 미만이다	be under[less than]

5

The ad revenue of cable TV / had increased steadily since 2005 / and became more than twice that of radio / in 2009.

해석확인 케이블 TV의 광고 수입은 / 2005년 이래로 꾸준히 증가했고, / / 2009년에는.

구문분석

대명사 that

The ad revenue of cable TV had increased steadily since 2005 and became more than twice
　　　　　　주어　　　　　　　　　　　　　　　　　　　　　　　　　　　　비교급+than

that of radio in 2009.
대명사(the revenue)

여기서 that은 앞에 나온 the ad revenue를 가리킨다. 이처럼 한 문장 내에서 반복되는 명사는 that/those로 받는다.

6

Between 2009 and 2013, / unlike the other four media types, / the radio ad revenue changed little, / remaining around 15 billion dollars.

해석확인 2009년과 2013년 사이에, / 다른 네 가지 매체 유형과 달리, / 라디오의 광고 수입은 거의 변하지 않았고, / .

구문분석

분사구문

the radio ad revenue changed little, remaining around 15 billion dollars.
　　　　　　　　　　　　　　　　　분사구문(부대상황)

remaining 이하는 부대상황을 나타내는 분사구문이다. remain은 '계속 ~이다'라는 뜻으로 도표에서 쓰이면 수치가 유지되었음을 나타낸다.

---

4 2005년 이래로 / 인터넷 광고 수입은 눈에 띄게 증가했고, / 2013년에는 / 이전에 광고 수입원의 선두였던 브로드캐스트 TV를 능가했다.
5 케이블 TV의 광고 수입은 / 2005년 이래로 꾸준히 증가했고, / 라디오 광고 수입의 두 배보다도 더 많아졌다 / 2009년에는.
6 2009년과 2013년 사이에, / 다른 네 가지 매체 유형과 달리, / 라디오의 광고 수입은 거의 변하지 않았고, / 약 150억 달러를 유지했다.

Step 3 수능 필수 구문 O, X로 복습하기

구문 포인트 ❶

최상급

Between 2005 and 2007, the amount of advertising revenue earned by newspapers was the largest **[among / than]** the five media types.

(O **among**)

(X **than**)

주어는 the amount ~ newspapers, 비교대상은 the five media types이다. 여러 매체 중 가장 수입이 크다는 내용으로 최상급의 비교 대상을 나타내는 among을 쓴다.

최상급 문장은 여러 대상 중 하나가 최상임을 나타내는 표현이므로, 비교 집단을 정확하게 파악해야 한다.

The price of oil was the lowest **among** those of other energy sources.　among+비교 집단

구문 포인트 ❷

동사

Since 2005, the Internet ad revenue had noticeably increased, and in 2013 it **[surpassed / surpassing]** the previously leading ad revenue source, broadcast TV.

(O **surpassed**)

(X **surpassing**)

앞 절의 the Internet ad revenue 를 주어 it으로 받았다. 주어 뒤에서 동사 역할을 할 수 있는 surpassed 가 적절하다.

동사로 비교하고자 하는 상황을 나타낼 수 있다.

The sales **were higher than** those of other regions.
> The sales **surpassed** those of other regions.

구문 포인트 ❸

과거완료

The ad revenue of cable TV **[increased / had increased]** steadily since 2005 and became more than twice that of radio in 2009.

(O **had increased**)

(X **increased**)

since는 '~이래로'라는 뜻으로 특정 시점 이후 지속된 일을 말할 때 쓴다. 따라서 과거에 지속되거나 완료된 일을 뜻하는 〈had+p.p.〉가 적절하다.

현재완료 또는 과거완료는 특정 기간 동안 지속된 일을 말할 때도 쓴다. since(~이래로), for(~동안)로 지속된 기간을 말할 수 있다.

The factory has been here **since** the 1970s.
I hadn't seen him **for** five years.

본문 단어
check up

trend	추세, 동향	noticeably	눈에 띄게
advertising	광고	surpass	능가하다, 초월하다
revenue	수입, 수익	previously	이전에, 미리
continuously	계속해서	steadily	꾸준히, 끊임없이
rank	(순위를) 차지하다	remain	남다, 계속 ~이다

Step 1 진짜 **수능** 문제 풀어보기

Hybrid Car Sales by Region

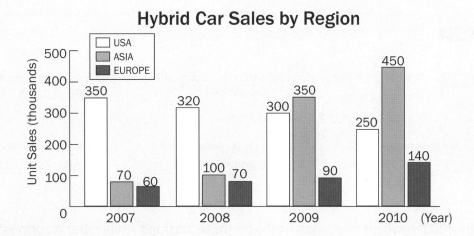

The bar graph above shows the total number of hybrid car sales by year for three regions: U.S.A., Asia and Europe. ① In 2007, hybrid car sales in these three regions were the strongest in the U.S.A. and the weakest in Europe. ② However, the following year, hybrid car sales decreased slightly in the U.S.A. and increased slightly in the other regions. ③ Despite this, the sales rank of hybrid cars in these three regions remained the same for both years. ④ In 2009, hybrid cars suddenly increased in popularity in Asia, surpassing the U.S.A. in sales for the first time. ⑤ The following year, hybrid car sales continued to increase in Asia, but decreased in both the U.S.A. and Europe.

● 학력평가 2012(9월)

Q 위 도표의 내용과 일치하지 <u>않는</u> 문장은?

Step 2 문장 집중분석

정답 및 해설

30 도표 지역별 하이브리드 자동차 판매량 답⑤

선지와 도표의 수치를 비교하면서 읽어야 한다.
⑤에서 2010년의 판매량은 아시아에서는 증가했음에도 불구하고 미국과 유럽 모두에서 감소했다고 했지만, 도표를 보면 아시아와 유럽에서의 판매량은 증가한 반면 미국에서의 판매량만 감소했다.

1

The bar graph above shows / the total number of hybrid car sales / by year for three regions: / U.S.A., Asia and Europe.

해석확인 위의 막대그래프는 보여준다 / ▨▨▨▨▨▨▨▨▨▨▨▨ / 세 개 지역에서의 연도별 / 미국, 아시아, 유럽의.

구문분석
도표
용어

The bar graph above shows the total number of hybrid car sales by year for three regions: U.S.A., Asia and Europe.
　　　　　　　　　　　　　　～의 전체 숫자　　　　　연도별

도표에서 자주 사용하는 용어 사용에 익숙해질 필요가 있다.

by year 연도별	by the year 1년 단위로	year by year 해가 갈수록, 매년
the total number of ～의 총 숫자	the total amount of ～의 총량	a percentage of ～의 비율

2

In 2007, / hybrid car sales in these three regions / were the strongest in the U.S.A. / and the weakest in Europe.

해석확인 2007년에 / 이 세 개 지역에서의 하이브리드 자동차 판매량은 / ▨▨▨▨▨▨▨▨▨▨▨▨.

구문분석
최상급
구문

In 2007, hybrid car sales in these three regions were the strongest in the U.S.A. and the weakest in Europe.
　　　　　　　　　　　　　　　　　　　　　　　　　　　　　　　최상급

최상급 ⟨the -est of/in ～⟩은 다음과 같이 표현할 수도 있다.

비교급 than any other ～	비교급 than anyone else	No (other) 비교급 than	No (other) as ～ as
He is **stronger than any other** one.	He is **stronger than anyone else**.	**No other** one is **stronger than** he is.	**No other** one is **as strong as** he is.

3

However, the following year, / hybrid car sales decreased slightly in the U.S.A. / and increased slightly in the other regions.

해석확인 그러나 그 다음해에 / 하이브리드 자동차 판매량은 미국에서 약간 감소했고 / ▨▨▨▨▨▨▨▨▨▨▨▨.

구문분석
도표
용어

However, the following year, hybrid car sales decreased slightly in the U.S.A. and increased slightly in the other regions.
　　　　　　　　　　　　　　　　　　　　약간 감소, 증가하다

도표의 수치를 나타낼 때 가장 자주 쓰는 동사는 increase, decrease로, 이와 함께 쓰는 부사로는 slightly(약간), sharply(크게) 등이 있다.

---

1 위의 막대그래프는 보여준다 / 하이브리드 자동차의 총 판매량을 / 세 개 지역에서의 연도별 / 미국, 아시아, 유럽의.
2 2007년에 / 이 세 개 지역에서의 하이브리드 자동차 판매량은 / 미국에서 가장 많았고 / 유럽에서 가장 적었다.
3 그러나 그 다음 해에 / 하이브리드 자동차 판매량은 미국에서 약간 감소했고 / 다른 지역들에서는 약간 증가했다.

4

Despite this, / the sales rank of hybrid cars in these three regions / remained the same / for both years.

해석확인 / 이 세 개 지역의 하이브리드 자동차 판매량 순위는 / 같은 상태를 유지했다 / 그 두 해 동안.

구문분석
숙어

Despite this, the sales rank of hybrid cars in these three regions remained the same for both
~에도 불구하고   remain+형용사(~한 상태를 유지하다)
years.

전치사 despite와 같은 의미로는 in spite of ~가 있다.
ex. **In spite of** his age, he still has a job.=**Despite** his age, he still has a job.

5

In 2009, / hybrid cars suddenly increased in popularity in Asia, / surpassing the U.S.A. in sales / for the first time.

해석확인 2009년에 / 하이브리드 자동차는 아시아에서 갑작스럽게 인기가 증가했다 / / 처음으로.

구문분석
분사구문

In 2009, hybrid cars suddenly increased in popularity in Asia, surpassing the U.S.A. in sales for
                                                                                분사구문(부대상황)
the first time.

surpassing ~이하는 두 가지 상황이 동시에 일어나거나 연속해서 일어나는 상황(부대상황)을 나타내는 분사구문으로, '~하면서'로 해석한다.

6

The following year, / hybrid car sales continued to increase in Asia, / but decreased in both the U.S.A. and Europe.

해석확인 다음 해에 / 하이브리드 자동차 판매가 / 하지만 미국과 유럽에서는 모두 감소했다.

구문분석
to부정사

The following year, hybrid car sales continued to increase in Asia, but decreased in both the
U.S.A. and Europe.   목적어 역할의 to부정사

동사 continued의 목적어 역할로 to부정사인 to increase가 쓰였으며 동명사도 목적어로 올 수 있다.

---

4 이것에도 불구하고 / 이 세 개 지역의 하이브리드 자동차 판매량 순위는 / 같은 상태를 유지했다 / 그 두 해 동안.
5 2009년에 / 하이브리드 자동차는 아시아에서 갑작스럽게 인기가 증가했다 / 판매량이 미국을 추월하면서 / 처음으로.
6 다음 해에 / 하이브리드 자동차 판매가 아시아에서는 계속적으로 증가했다 / 하지만 미국과 유럽에서는 모두 감소했다.

Step 3 수능 필수 구문 O, X 로 복습하기

구문 포인트 ❶

최상급

In 2007, hybrid car sales in these three regions were the [**stronger / strongest**] in the U.S.A. and the weakest in Europe.

(O **strongest**)

(X **stronger**)

내용상 최상급을 나타내는 표현이므로 〈the+-est〉로 쓴다.

셋 이상의 대상을 비교할 때 최상급을 쓰며, 형용사의 최상급에는 the를 붙이고 부사인 경우 the를 생략할 수 있다.

John is **the tallest** in his class. (형용사)
John runs **(the) fastest** in his class. (부사)

구문 포인트 ❷

분사구문

In 2009, hybrid cars suddenly increased in popularity in Asia, [**surpassing / surpassed**] the U.S.A. in sales for the first time.

(O **surpassing**)

(X **surpassed**)

동사 increased 다음에 연결사가 없기 때문에 surpassed라는 동사는 쓸 수 없고 분사로 써야 한다.

-ing, -ed의 분사구문은 부사절의 접속사가 생략된 것으로, 접속사 없이 동사 형태가 여러 개 나오면 분사로 바꿔 쓴다.

I went home early, ~~had~~ a cold.
having(동사를 연결할 접속사가 없음)

구문 포인트 ❸

병렬구조

The following year, hybrid car sales continued to increase in Asia, but [**decreasing / decreased**] in both the U.S.A. and Europe.

(O **decreased**)

(X **decreasing**)

접속사 but이 동사를 연결하고 있으므로 앞 동사 continued의 시제에 맞게 decreased를 써야 한다.

단어, 구, 절을 연결할 때 같은 구조, 기능을 갖는 것끼리 쓰는 것이 병렬구조이다.

Her sister loves **skiing and swimming** ~~to swim~~.
병렬 구조

본문 단어
check up

hybrid car	(휘발유, 전기 병용) 하이브리드 차	rank	등급, 순위
region	지역	remain	계속 ~이다
decrease	감소하다	suddenly	갑자기
slightly	약간	surpass	능가하다, 뛰어넘다
despite	~에도 불구하고	popularity	인기

UNIT
11

---------- 처음 만나는 수능 유형 ----------

31~33

수능 유형	수능 어법
	분사구문
31 요약문 완성 1	• 분사구문
32 요약문 완성 2	• 접속사+분사구문
33 요약문 완성 3	• 목적보어의 형태

31~33

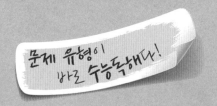

수능유형 요약문 완성

유형 소개

요약문 완성 유형은 주어진 글의 내용을 요약하고 그 요약문에 들어갈 적절한 표현을 고르는 문제로, 매년 한 문제씩 나오지만 난이도가 높은 편이라 많은 연습이 필요한 유형이다.
요약문 완성은 간접 쓰기로, 요지를 파악하고 글을 요약할 수 있는지를 알아보는 문제 유형이다.

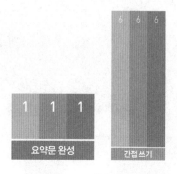

연도별 출제개수
2019
2020
2021

유형 해결 전략

1 요약문을 먼저 읽고 파악하기

빈칸이 포함된 요약문을 살펴보고 대략적인 요지나 주제를 파악해 본다. 요약문의 내용을 염두에 두고 글을 읽으며, 핵심어나 자주 반복되는 어휘에 주목한다.

2 핵심어, 반복 어휘의 다른 표현에 주목

글을 읽으며 표시해 둔 핵심어, 반복 어휘와 선택지의 표현들을 비교해 본다. 대부분 지문에 사용하지 않은 표현이 선택지에 나오므로 주제어와 의미가 비슷하면서 주제를 요약하는 표현에 유의한다.

다음 글의 내용을 한 문장으로 요약하고자 한다. 빈칸 (A), (B)에 들어갈 말로 가장 적절한 것은?

There were two fathers I knew. Although both of them worked hard, I noticed that one dad had a habit of putting his brain to sleep when it came to money matters, and the other had a habit of exercising his brain. The long-term result was that one dad grew weaker and the other grew stronger financially. It is not much different from a person who sits on the couch watching television versus someone who goes to the gym to exercise on a regular basis. Proper physical exercise increases your chances for health, and proper mental exercise increases your chances for wealth.

You need to develop and nurture your ___(A)___ skills regularly just like your ___(B)___ strength.

(A)	(B)
① academic	…… mental
② academic	…… physical
③ financial	…… physical
④ financial	…… emotional
⑤ technical	…… mental

요약문 완성

STEP 1 요약문 먼저 보기
- 요약문은 대부분 요지, 주제이므로 대략적인 내용 파악에 좋다.
- 이 요약문은 '여러분은 (B)한 힘과 같이 (A)한 기술도 규칙적으로 길러낼 필요가 있다'는 뜻으로 어떤 힘과 기술인지 염두에 두며 읽는다.

STEP 2 주제문 찾기
- 앞부분의 구체적인 예를 통해 운동처럼 경제 분야도 지속적인 훈련이 필요함을 말하고 있다.
- 마지막 문장에서 이런 내용을 재진술하고 있으므로 이 주제문에 따라 빈칸에 들어갈 말은 ③ '재정적인 – 신체적인'이다.

STEP 3 보기
① 학문인 – 정신의
② 학문인 – 신체적인
④ 재정적인 – 감정적인
⑤ 기술적인 – 정신의

Crows are a remarkably clever family of birds. They are capable of solving many more complex problems compared to other birds, such as chickens. After hatching, chickens peck busily for their own food much faster than crows, which rely on the parent bird to bring them food in the nest. However, as adults, chickens have very limited hunting skills whereas crows are much more flexible in hunting for food. Crows also end up with bigger and more complex brains. Their extended period between hatching and flight from the nest enables them to develop intelligence.

● 학력평가 2018(3월)

* peck: (모이를) 쪼아 먹다

Q 위 글의 내용을 한 문장으로 요약하고자 한다. 빈칸 (A), (B)에 들어갈 말로 가장 적절한 것은? [3점]

> Crows are more _____(A)_____ than chickens because crows have a longer period of _____(B)_____ .

	(A)		(B)
①	intelligent	—	dependency
②	passive	—	dependency
③	selfish	—	competition
④	intelligent	—	competition
⑤	passive	—	hunting

Step 2 문장
집중 분석

31 요약문 까마귀가 영리한 이유 답①

요약문을 정확히 해석하여 주제를 추측해 본다.
요약문은 까마귀와 닭을 비교하는 내용이다. 또한 지문의 전반부에서 까마귀들이 더 복잡한 문제들을 해결할 수 있다고 말했으며, 후반부에서는 그 이유를 설명하므로, 요약문은 '까마귀는 더 긴 의존의 기간을 가지기 때문에 닭보다 더 똑똑하다'가 된다.

---

1 Crows are a remarkably clever family of birds.

해석확인 까마귀는   .

구문분석
명사구

Crows are [a remarkably clever family of birds].
　　　　　　　　명사구 수식

명사를 수식하는 형용사와, 형용사를 강조해주는 부사로 인해 명사구가 길어진 경우이다.

---

2 They are capable of solving many more complex problems / compared to other birds, such as chickens.

해석확인 그들은 더 복잡한 많은 문제들을 해결할 수 있다 /   .

구문분석
관용 표현

They are capable of solving many more complex problems compared to other birds
　　be capable of +-ing: ~할 수 있다　　　　　　　　　　　　　compared to(~와 비교하여)

compared to는 '~와 비교하여'라는 의미로, 분사가 쓰인 관용적 표현이다.

분사 관용 표현	compared to ~비교하여	generally speaking 일반적으로 말하면
	given that ~임을 감안하면	judging from ~로 판단하건대
	considering ~를 고려하면	

---

3 After hatching, / chickens peck busily for their own food / much faster than crows, / which rely on the parent bird / to bring them food in the nest.

해석확인   / 까마귀보다 훨씬 더 빨리 / 하지만 까마귀는 어미새에 의존한다 / 둥지로 자신들에게 먹이를 가져다주는.

구문분석
분사구문

After hatching, chickens peck busily for their own food much faster than crows,
접속사+분사구문　　　　　　　　　　　　　　　　　　　　　　비교급 강조

which rely on the parent bird to bring them food in the nest.
관계대명사(계속적 용법)　　　　　　형용사적 용법

분사 -ing/-ed가 부사절의 의미를 나타내는 것을 분사구문이라고 한다. 일반적으로 부사절 접속사와 주어를 생략하여 분사구문으로 변형하지만, 의미를 강조하기 위해 접속사를 생략하지 않을 수 있다.

시간, 이유	Playing soccer, Tom hurt his ankle. (축구를 할 때 Tom은 발목을 다쳤다.) – 시간
	Having no money, I can't help you. (돈이 없어서 널 도울 수 없어.) – 이유
조건, 양보	Living next door, I seldom see her. (옆집에 살지만 그녀를 거의 못 본다.) – 양보
동시동작	Walking on tiptoe, I approached the window. (살금살금 걸어서 창가로 다가갔다.)

---

1 까마귀는 놀랄 만큼 영리한 조류이다.
2 그들은 더 복잡한 많은 문제들을 해결할 수 있다 / 닭과 같은 다른 새들과 비교하여.
3 부화한 후에 / 닭은 분주하게 자신의 먹이를 쪼아 먹는다 / 까마귀보다 훨씬 더 빨리 / 하지만 까마귀는 어미새에 의존한다 / 둥지로 자신들에게 먹이를 가져다주는.

요약문 해석

까마귀는 더 긴 의존의 기간을 가지기 때문에 닭보다 더 똑똑하다.
② 수동적인 – 의존　　③ 이기적인 – 경쟁
④ 똑똑한 – 경쟁　　⑤ 수동적인 – 사냥

유형 분석 및 선택률 확인

요약문이 바로 글의 요지 또는 주제이므로 요약문을 먼저 본 후 전체 내용이나 흐름을 파악하도록 한다.

정답률	문항별 선택률				
34.7%	① 34.7%	② 6.3%	③ 4.4%	④ 23.3%	⑤ 6.6%

4

However, as adults, / chickens have very limited hunting skills / whereas crows are much more flexible in hunting for food.

해석확인　하지만, 어른이 되면 / ▨▨▨▨▨▨▨▨▨▨▨▨▨▨▨▨▨ / 반면에 까마귀는 먹이를 찾는 데 있어서 훨씬 더 유연하다.

구문분석

분사

However, as adults, chickens have very limited hunting skills whereas crows are much more flexible in hunting for food.　　분사　(명사 수식)

분사 -ing/-ed는 형용사 역할을 주로 하며, 분사구문으로 쓰이면 부사절의 의미를 나타낸다.

분사의 쓰임	명사 수식	**falling** prices (떨어지는 물가)　**broken** windows (깨어진 창문)
	보어 역할	I was **scared**. (나는 무서웠다.)
	분사구문	**Trying** to open the can, I cut my hand. (캔을 열려고 하다가 손을 베었다.)

5

Crows also end up with bigger and more complex brains. // Their extended period / between hatching and flight from the nest / enables them to develop intelligence.

해석확인　까마귀는 또한 결국 더 크고 더 복잡한 뇌를 가지게 된다. // 까마귀들의 연장된 기간은 / 부화와 둥지를 떠나는 것 사이의 / ▨▨▨▨▨▨▨▨▨▨▨▨▨▨▨▨.

구문분석

5형식 동사

Their extended period between hatching and flight from the nest
　　　　　　　전치사구(between A and B)

enables them to develop intelligence.
enable+목적어+목적보어(to부정사)

enable은 '~할 수 있게 하다'라는 뜻으로, 〈enable+목적어+목적보어〉구조의 5형식 문장을 만든다. 이때 목적보어 자리에는 to부정사가 온다.

6

Crows are more intelligent than chickens / because crows have a longer period of dependency.

해석확인　까마귀는 닭보다 더 똑똑하다 / ▨▨▨▨▨▨▨▨▨▨▨▨▨▨▨▨▨▨▨.

구문분석

비교급

Crows are more intelligent than chickens [because crows have a longer period of dependency].
　　　비교급(more~)+than　　　부사절(이유)　　　비교급+명사

비교급은 -er 또는 〈more+형용사/부사〉의 형태로 쓴다. 여기서는 보어 역할과 명사를 수식하는 수식어 역할로 비교급이 쓰였다.

---

4 하지만, 어른이 되면 / 닭은 매우 제한적인 먹이를 찾는 능력을 지닌다 / 반면에 까마귀는 먹이를 찾는 데 있어서 훨씬 더 유연하다.
5 까마귀는 또한 결국 더 크고 더 복잡한 뇌를 가지게 된다. // 까마귀들의 연장된 기간은 / 부화와 둥지를 떠나는 것 사이의 / 그들이 지능을 발달시킬 수 있게 해 준다.
6 까마귀는 닭보다 더 똑똑하다 / 까마귀는 더 긴 의존의 기간을 가지기 때문에.

Step 3 수능 **필수 구문** O, X 로 복습하기

구문 포인트 ❶

분사구문

> **[After / Because]** hatching, chickens peck busily for their own food much faster than crows, which rely on the parent bird to bring them food in the nest.

(◯ **After**)

(✗ **Because**)

분사구문을 쓸 때 접속사를 생략하지 않을 수 있다. 내용상 '부화한 후에'라는 의미가 되도록 접속사 after를 쓰는 것이 적절하다.

분사구문은 분사를 이용하여 부사절을 간단하게 부사구로 고친 것으로, 시간, 이유, 원인, 조건, 양보, 부대상황(동시동작, 연속동작)을 표현하는 접속사의 뜻이 내포되어 있다.

(Being) left alone, he was scared.
　　　분사

While walking in the forest, I heard the sound of birds.
접속사+분사 (접속사 의미 강조)

구문 포인트 ❷

분사

> However, as adults, chickens have very **[limiting / limited]** hunting skills whereas crows are much more flexible in hunting for food.

(◯ **limited**)

(✗ **limiting**)

분사가 수식하는 대상이 hunting skills이므로, '제한된'이라는 의미의 과거분사 limited가 적절하다.

분사는 주로 명사를 수식하는 형용사 역할을 한다. 수식하는 대상과의 관계가 능동이면 현재분사(-ing), 수동이면 과거분사(-ed)의 형태로 쓴다.

the **Sleeping** Beauty (잠자는 - 능동)
a **burnt** house (불에 탄 - 수동)

구문 포인트 ❸

5형식 문장

> Their extended period between hatching and flight from the nest enables them **[to develop / developing]** intelligence.

(◯ **to develop**)

(✗ **developing**)

동사 enable은 목적보어로 to부정사를 취하는 동사이다.

〈동사+목적어+목적보어〉 구조의 5형식 문장 해석에 주의한다.

The boss encouraged us to work faster.
동사+목적어+목적보어(to부정사)

본문 단어
check up

crow	까마귀	rely on	~을 믿다, 의존하다
remarkably	놀랄 만큼	whereas	반면에
clever	영리한	flexible	유연한
complex	복잡한	extended	연장된
hatch	부화하다	flight	(새 등이) 집을 떠남, 비행

제한시간 1분 10초 에 문제를 풀고
Step 2에서 문장분석을 확인하세요.

Natural boundaries between states or countries are found along rivers, lakes, deserts, and mountain ranges. Among them, river boundaries would seem to be ideal: they provide clear separation, and they are established and recognized physical features. In reality, however, river boundaries can change as rivers change course. Following flooding, a river's course may shift, altering the boundary between states or countries. For example, the Rio Grande, separating the United States and Mexico, has frequently shifted its course, causing problems in determining the exact location of the international boundary.

● 학력평가 2015(3월)

* boundary: 경계

Q 위 글의 내용을 한 문장으로 요약하고자 한다. 빈칸 (A), (B)에 들어갈 말로 가장 적절한 것은?

> A river seems to be ideal in _____(A)_____ boundaries, but in fact it isn't, because its course is _____(B)_____.

	(A)		(B)
①	establishing	—	invisible
②	establishing	—	changeable
③	removing	—	fixed
④	linking	—	fixed
⑤	linking	—	changeable

Step 2 문장 집중분석

정답 및 해설

32 요약문 강으로 국경을 구분하는 것의 장·단점 **답②**

요약문이 이 글의 주제임을 염두에 둔다.
국경의 물리적 경계가 강, 호수, 사막, 산맥으로 구분되며 특히 강이 가장 이상적인 경계처럼 보인다고 하고 있다. 하지만 경로의 변화에 따라 국경이 변하는 단점이 있음을 말하고 있다.

---

1 Natural boundaries between states or countries / are found / along rivers, lakes, deserts, and mountain ranges.

해석확인 ░░░░░░░░░░░░░░ / 강, 호수, 사막 그리고 산맥을 따라.

구문분석

수동태 Natural boundaries between states or countries are found along rivers, lakes, deserts, and
주어 수동태
mountain ranges.

자연적 경계가 '발견되다'라는 수동의 의미이기 때문에 〈be+p.p.〉의 수동태로 썼다.

---

2 Among them, / river boundaries would seem to be ideal: / they provide clear separation, / and they are established and recognized physical features.

해석확인 그것들 중에 / 강을 따라 형성된 경계가 가장 이상적인 것처럼 보일 수 있다 / ░░░░░░░░░░ / 그것들은 확립되고 인정된 물리적 특징이기 때문이나.

구문분석

문장 부호 river boundaries would seem to be ideal: they provide clear separation, and they are
콜론(설명 덧붙이기)
established and recognized physical features.
분사

콜론(:)은 일반적으로 예를 열거하거나 설명을 덧붙일 때 쓴다.

예를 열거할 때	설명을 덧붙일 때
You need these ones for the day trip: a notebook, a pen and a packed lunch.	There is no need to rush: class will be starting one hour late.

---

3 In reality, however, / river boundaries can change / as rivers change course.

해석확인 하지만 실제로 / 강을 따라 형성된 경계는 변할 수 있다 / ░░░░░░░░░░░.

구문분석

부사절 접속사 In reality, however, river boundaries can change as rivers change course.
부사절(~에 따라)

as는 접속사로 쓰일 때 '~할 때', '~와 같이', '~이지만(양보)' 등 여러 의미로 쓰이는데, 여기서는 '~에 따라서'라는 뜻으로 쓰였다.

---

1 주나 국가 사이의 자연적 경계는 / 발견된다 / 강, 호수, 사막 그리고 산맥을 따라.
2 그것들 중에 / 강을 따라 형성된 경계가 가장 이상적인 것처럼 보일 수 있다 / 왜냐하면 그것들이 분명한 구분을 해주고, / 그것들은 확립되고 인정된 물리적 특징이기 때문이다.
3 하지만 실제로 / 강을 따라 형성된 경계는 변할 수 있다 / 강이 경로를 바꿈에 따라.

강은 경계를 확립하기에 이상적인 것처럼 보이지만 사실은 그렇지 않은데, 그것의 경로가 변할 수도 있기 때문이다.
① 확립하기 – 눈에 보이지 않는
③ 제거하기 – 고정된
④ 연결하기 – 고정된
⑤ 연결하기 – 변하기 쉬운

요약문의 but in fact를 보아 내용이 전환되는 지점의 앞뒤 내용이 뭔지 파악해야 한다는 것을 알 수 있다. 다른 유형처럼 however와 같은 접속부사에 주의해야 한다.

정답률	문항별 선택률				
73%	① 9%	② 73%	③ 7%	④ 3%	⑤ 8%

4 Following flooding, / a river's course may shift, / altering the boundary between states or countries.

 해석확인 홍수 후에 / 강의 경로가 변할 수 있다 / ▨▨▨▨▨▨▨▨▨.

구문분석

분사구문

Following flooding, a river's course may shift, altering the boundary between states or countries.
전치사(~후에)   분사구문(부대상황)

분사구문의 부대상황이란 핵심이 되는 문장에 의미를 추가시키는 것으로, 두 가지 의미로 나뉜다.

동시동작	Reading a book, he ate breakfast. (그는 점심을 먹으며 책을 읽었다.)
연속동작	He studied math, listening to the music. (그는 수학 공부를 하고 음악을 들었다.)

5 For example, / the Rio Grande, separating the United States and Mexico, / has frequently shifted its course, / causing problems in determining the exact location / of the international boundary.

 해석확인 예를 들어, / 미국과 멕시코를 구분 짓는 리오그란데 강은 / 경로를 빈번하게 바꾸어, / ▨▨▨▨▨▨▨ ▨▨▨▨▨▨▨▨▨ / 국가 간 경계의.

 구문분석

분사 / 동명사

the Rio Grande, separating the United States and Mexico, has frequently shifted its course, causing problems in determining the exact location of the international boundary.
분사(부대상황:연속동작)   동명사(전치사 in의 목적어)

동명사와 현재분사(구문)는 형태가 같지만 쓰임이나 의미가 다르기 때문에 구별해야 한다.

분사	He sat reading the book. (책을 읽으면서)
동명사	He likes reading the book. (책 읽는 것)

6 A river seems to be ideal / in establishing boundaries, / but in fact it isn't, / because its course is changeable.

 해석확인 강은 이상적인 것처럼 보인다 / 경계를 확립하기에 / ▨▨▨▨▨▨▨▨▨▨▨, / 그 이유는 그것의 경로가 변할 수도 있기 때문이다.

구문분석

생략

A river seems to be ideal in establishing boundaries, but in fact it isn't, because its course is changeable.
동명사(전치사 in의 목적어)   생략(ideal이 생략됨)

it isn't 다음에서 앞부분에 나온 ideal이 생략된 것이다.

4 홍수 후에 / 강의 경로가 변할 수 있다 / 주나 국가 사이의 경계를 바꾸면서.
5 예를 들어, / 미국과 멕시코를 구분 짓는 리오그란데 강은 / 경로를 빈번하게 바꾸어, / 정확한 위치를 결정하는 데 문제를 일으켰다 / 국가 간 경계의.
6 강은 이상적인 것처럼 보인다 / 경계를 확립하기에 / 하지만 사실은 그렇지 않은데, / 그 이유는 그것의 경로가 변할 수도 있기 때문이다.

Step 3 수능 **필수 구문** 0, ✗로 복습하기

구문 포인트 ❶

분사

Among them, river boundaries would seem to be ideal: they provide clear separation, and they are established and **[recognize / recognized]** physical features.

(○ recognized)

(✗ recognize)

이 문장의 동사는 are이고 features 가 보어이므로 recognize가 아니라 분사인 recognized로 쓴다.

분사는 형용사처럼 명사를 수식하며 능동은 -ing, 수동은 -ed로 나타낸다.

He has a **used** car. (중고의)

구문 포인트 ❷

분사구문 1

Following flooding, a river's course may shift, **[altering / altered]** the boundary between states or countries.

(○ altering)

(✗ altered)

강의 경로가 변화하여 경계를 바꾼다 는 내용으로, 시간 순서대로 진행되지 만 접속사가 없기 때문에 분사구문으 로 쓴다.

'~하면서, ~한 채'라는 동시 동작을 나타낸다. 이를 부대상황을 나타내는 분사구문이라 한다.

He studied math, **listening to the radio**.
　　　　　앞의 동작과 동시에(부대상황: 동시 동작)
He took the bus at 6, **arriving there at 9**.
　　　　　시간 순서대로(부대상황: 연속동작)

구문 포인트 ❸

분사구문 2

For example, the Rio Grande, separating the United States and Mexico, has frequently shifted its course, **[causing / caused]** problems in determining the exact location of the international boundary.

(○ causing)

(✗ caused)

has shifted에 연결되는 동사가 아니라 접속사 없이 두 문장을 연결하는 분사로 나타내고 있다.

분사구문은 부사절을 간단하게 나타내는 것이므로 생략된 접속사의 의미를 문맥 속에서 잘 찾아야 한다.

She fell asleep, **bored** in the meeting. (지루했기 때문에)
She paid attention, **bored** in the meeting. (지루했지만)

본문 단어
check up

boundary	경계	recognize	인정하다; 알아보다
mountain range	산맥	physical	물리적인, 육체의
ideal	이상적인	shift	옮기다, 바꾸다
separation	분리, 구분	alter	변하다, 달라지다
establish	확립하다; 설립하다	frequently	빈번하게, 흔히

Participants in a laboratory study were asked to listen to a pair of very loud, unpleasant noises played through headphones. One noise lasted for eight seconds. The other lasted sixteen. The first eight seconds of the second noise were identical to the first noise, whereas the second eight seconds, while still loud and unpleasant, were not as loud. Later, the participants were told that they would have to listen to one of the noises again, but that they could choose which one. Clearly the second noise is worse — the unpleasantness lasted twice as long. Nevertheless, the overwhelming majority of people chose the second to be repeated. Why? Because whereas both noises were unpleasant and had the same irritating peak, the second had a less unpleasant end, and so was remembered as less annoying than the first.

※ 학력평가 고2 2014(9월)

Q 위 글의 내용을 한 문장으로 요약하고자 한다. 빈칸 (A), (B)에 들어갈 말로 가장 적절한 것은?

> According to an experiment, what influences subjects' decisions about which noise to listen to again is not the ____(A)____ of the noise, but how they felt at the ____(B)____.

	(A)		(B)
①	length	—	last moment
②	length	—	peak
③	loudness	—	start
④	loudness	—	last moment
⑤	pleasantness	—	peak

Step 2 문장 집중분석

정답 및 해설

33 요약문 소음의 불쾌감은 마지막 부분에 따라 달라짐 답 ①

요약문을 먼저 읽고 빈칸을 채우기 위한 정보에 집중한다. 요약문의 구문이 'not A but B'로 어떤 소음을 선택할 지에 대한 기준이 아닌 것과 그런 것을 구별해야 한다. 본문 Nevertheless 이후에서 '길이'와 상관없이 '마지막 부분'이 덜 불쾌한 소음을 선택했다고 했다.

1

Participants in a laboratory study / were asked to listen to a pair of very loud, unpleasant noises / played through headphones.

해석확인 한 실험실 연구의 참가자들은 / 두 가지의 아주 크고 불쾌한 소음을 듣도록 요구받았다 / ▨▨▨▨▨.

구문분석 분사

Participants in a laboratory study were asked to listen to a pair of very loud, unpleasant noises played through headphones. 　　~할 것을 요구받다
　　　　　　　　분사

분사 -ing, -ed는 보통 명사 앞에 오지만 길어지면 명사 뒤에 위치한다.

분사+명사	a sleeping baby	an exciting story
명사+분사	a girl wearing a hat	a man called Ben

2

One noise lasted / for eight seconds. // The other lasted sixteen.

해석확인 한 소음은 지속되었다 / 8초간. // ▨▨▨▨▨▨▨▨▨.

구문분석 부정대명사

One noise lasted for eight seconds. The other lasted sixteen.
　　　　부정대명사 (하나는 ~ 다른 하나는…)

두 가지를 하나씩 나열할 때 one ~ the other를 쓴다.

one ~ another … the other	some ~ others …
(셋 중 하나는 ~ 다른 하나는 … 나머지는)	(일부는 ~ 다른 것은 …)

3

The first eight seconds of the second noise / were identical to the first noise, / whereas the second eight seconds, / while still loud and unpleasant, / were not as loud.

해석확인 두 번째 소음의 첫 8초간은 / 첫 번째 소음과 동일했고 / 반면에 다음 8초간은 / ▨▨▨▨▨▨ / 첫 번째 소음만큼 큰 소리는 아니었다.

구문분석 접속사+ 분사구문

The first eight seconds of the second noise were identical to the first noise, whereas the second eight seconds, while still loud and unpleasant, were not as loud.
　　　　　　　　분사구문의 삽입

while still loud and unpleasant는 접속사를 포함한 분사구문으로, being이 생략되어 있다.
ex. **Though (being) left alone**, he never felt tiresome.

---

1 한 실험실 연구의 참가자들은 / 두 가지의 아주 크고 불쾌한 소음을 듣도록 요구받았다 / 헤드폰을 통해 재생되는.
2 한 소음은 지속되었다 / 8초간. // 다른 소음은 16초간 지속되었다.
3 두 번째 소음의 첫 8초간은 / 첫 번째 소음과 동일했고 / 반면에 다음 8초간은 / 여전히 크고 불쾌하지만 / 첫 번째 소음만큼 큰 소리는 아니었다.

요약문 해석

한 실험에 따르면, 어느 소음을 다시 들을지에 관한 피실
험자들의 결정에 영향을 주는 것은 소음의 길이가 아니
라 그들이 마지막 순간에 어떻게 느꼈는가 하는 것이다.
② 길이 – 최고조   ③ 소음 크기 – 시작점
④ 소음 크기 – 마지막 순간 ⑤ 유쾌함 – 최고조

유형 분석 및 선택률 확인

연구와 관련된 글일 경우 중요한 내용은 구체적인 실험 결과에 있는데, 그 결과가
바로 글의 주제이면서 동시에 요약문이기 때문이다.

정답률	문항별 선택률				
46%	① 46%	② 15%	③ 10%	④ 26%	⑤ 3%

4

Later, the participants were told / that they would have to listen to one of the
noises again, / but that they could choose which one.

 해석확인 나중에, 참가자들은 들었다 / 두 가지 소음 중 하나를 다시 들어야 한다고, / 하지만 〰〰〰〰〰〰〰〰〰〰.

구문분석
병렬구조

Later, the participants were told [that they would have to listen to one of the noises again], but
[that they could choose which one].
　　　　　　　　　　　　　　병렬구조(접속사 but이 that절을 연결)

병렬구조는 대등한 관계에 있는 단어, 구, 절 등을 나열하거나 접속사로 연결하는 것을 말한다.

형용사끼리 병렬구조	분사끼리 병렬구조
slow ~~slowly~~ and ugly	tired and bored

5

Clearly the second noise is worse / — the unpleasantness lasted twice as
long. // Nevertheless, / the overwhelming majority of people / chose the
second to be repeated.

 해석확인 확실히 두 번째 소음이 더 나쁜데, / 불쾌함이 2배나 오래 지속되었기 때문이다. // 그럼에도 불구하고, /
압도적인 대다수의 사람들이 / 〰〰〰〰〰〰〰〰〰〰〰〰〰〰.

구문분석
**to부정사의
수동**

Nevertheless, the overwhelming majority of people chose the second to be repeated.
　　　　　　　　　　　　　　　　　　　　　　　　　　　　　　　to부정사의 수동

repeat은 '~를 반복하다'라는 타동사인데 반복되는 대상이 the second이므로 수동인 to be repeated로 쓴 것이다.
ex. The work was necessary **to be done**.

6

Why? // Because whereas both noises were unpleasant / and had the
same irritating peak, / the second had a less unpleasant end, / and so was
remembered as less annoying / than the first.

 해석확인 왜 그럴까? // 왜냐하면 두 가지 소음이 모두 불쾌하고 / 똑같이 짜증나는 피크(최고조 부분)가 있었지만,
/ 두 번째 소음의 끝부분이 덜 불쾌했고 / 그래서 〰〰〰〰〰〰〰〰〰〰〰 / 첫 번째 소음보다.

 구문분석
생략

the second had a less unpleasant end, and so was remembered as less annoying than the first.
　　　　　　　　　　　　　　　　　　　그래서 (그 두 번째가) 기억되었다

so 다음 문장의 주어는 앞에 나온 the second가 반복되어 생략되었다.

---

4 나중에, 참가자들은 들었다 / 두 가지 소음 중 하나를 다시 들어야 한다고, / 하지만 어떤 것을 들을지는 선택할 수 있다고.
5 확실히 두 번째 소음이 더 나쁜데, / 불쾌함이 2배나 오래 지속되었기 때문이다. // 그럼에도 불구하고, / 압도적인 대다수의 사람들이 / 두 번째
　　소음을 다시 듣기로 선택하였다.
6 왜 그럴까? // 왜냐하면 두 가지 소음이 모두 불쾌하고 / 똑같이 짜증나는 피크(최고조 부분)가 있었지만, / 두 번째 소음의 끝부분이 덜 불쾌했고
　　/ 그래서 덜 짜증나는 것으로 기억되었기 때문이다 / 첫 번째 소음보다.

Step 3 수능 필수 구문 O, X 로 복습하기

구문 포인트 ❶
분사의 형태

Participants in a laboratory study were asked to listen to a pair of very loud, unpleasant noises **[played / playing]** through headphones.

(O played)

(X playing)

명사 noises를 수식하는 분사로, '헤드폰으로 재생되는'이라는 수동의 의미이므로 played로 쓴다.

분사는 동사의 동작을 형용사나 부사의 의미로 쓰는 것을 말한다. 그렇기 때문에 동작을 '하는' 것은 -ing, '되는, 당하는' 것은 -ed로 쓴다.

a broken glass (앞에서 수식)

noises played through headphones (뒤에서 수식)

구문 포인트 ❷
분사구문

The first eight seconds of the second noise were identical to the first noise, whereas the second eight seconds, **[while / were]** still loud and unpleasant, were not as loud.

(O while)

(X were)

이미 동사 were가 있기 때문에 분사 구문이 되도록 while (being)으로 쓴다.

분사구문에서 being은 자주 생략되어 〈(접속사)+형용사/부사〉의 형태로 쓰인다.

Tired, I went to bed early.
= As I was tired, I went to bed early.

구문 포인트 ❸
생략

Because whereas both noises were unpleasant and had the same irritating peak, the second had a less unpleasant end, and so **[was / were]** remembered as less annoying than the first.

(O was)

(X were)

이 문장의 주어는 앞에 나온 the second가 반복되어 생략된 것이다. 따라서 was로 수일치시킨다.

문맥상 알 수 있는 경우 반복되는 어구나 단어를 생략해서 쓴다.

He has been and **will be** a good man.
(a good man) 생략

본문 단어
check up

participant	참가자	clearly	확실히, 분명히
laboratory	실험실	overwhelming	압도적인
unpleasant	불쾌한	majority	대다수
identical	동일한	irritating	짜증나는, 신경질 나는
whereas	반면에	annoying	짜증스러운

UNIT
12

---------- 처음 만나는 수능 유형 ----------

34 ~ 36

수능 유형	수능 어법
	기타
34 장문의 이해 1	• 간접의문문
35 장문의 이해 2	• 강조
36 장문의 이해 3	• 도치, 생략 등

34~36

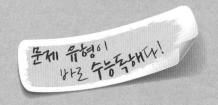

유형소개 **장문의 이해** 유형은 긴 지문을 제시한 뒤 그에 대한 요지, 빈칸, 주제, 일치 등의 문제가 출제되는 유형으로, 1지문에 2문항의 문제가 나오는 것과 1지문에 3문항이 나오는 것으로 나뉜다.
어렵지는 않지만 긴 글을 빠르고 정확하게 읽어내야 하는 것이 관건이다.

유형해결전략 **문제 유형을 먼저 파악하기** 주로 중심 내용을 묻는 제목, 주제, 요지 등이 나오고 세부 사항을 묻는 빈칸 완성, 지칭 추론, 내용 일치, 불일치 문제들이 온다. 따라서 문제에 맞게 글을 읽어 간다. 특히 세부 사항을 묻는 문제는 어떤 정보가 필요한지 확인한 후 필요한 부분만 빠르게 확인한다.

1지문 2문항 예시

[49~50] 다음 글을 읽고 물음에 답하시오.

Some elementary school teachers in the U.S. might be thinking "Recess is free time for the students." or "Why should I care about recess?" In reality, recess has become more important than ever. Since physical education at the elementary level has seen a decline in recent years, recess has in fact become _____ for children to participate in physical activity in school. With this in mind, what should happen during recess is that students have a chance to participate in physical activity in a setting that is helpful for learning. What actually occurs is that students are left to engage in unorganized activities during this 'free time.' As a matter of fact, recess is much more than free time. Recess should be viewed as an opportunity for students not only to engage in physical activity, but also to build their character and develop social interaction skills. Therefore, the classroom teachers must realize that recess is an important part of the school day.

* recess: 쉬는 시간

'쉬는 시간'이 아이들에게 어떤 의미인지를 묻는 빈칸 완성

49. 위 글의 빈칸에 들어갈 말로 가장 적절한 것은?
① the class sign　② mind control
③ the main outlet　④ a health problem
⑤ the minor report

50. 위 글의 제목으로 가장 적절한 것은?
① Chances for Higher Social Status
② Students' Attitudes toward Teachers
③ The Popularity of Physical Education
④ The Educational Importance of Recess
⑤ The Disadvantages of Physical Activities

마지막 문장이 이 글의 요지로 ④ '쉬는 시간의 교육적 중요성'

1지문 3문항 예시

[43~45] 다음 글을 읽고, 물음에 답하시오.

(A)
My son, Justin, was five years old and this was his first Easter Egg Hunt. ...... "Run," I shouted, "run, Justin, hurry." But (a) he paid no attention to me.

(B)
Then I saw Justin bend over and it looked like (b) he had found an egg. ...... Some had one egg, some had two, and a few even had three.

(C)
He was about one hundred feet behind the rest of the kids who were racing madly, looking for the hidden eggs. "Oh, (c) he won't get a thing," .... (d) He was running quickly with other children.

(D)
At that time I saw Justin heading my way. (e) His bag was full! .... Sometimes, I learned then, our kids do better when we don't push them hard.

글의 순서는 고정 유형 문제임

43. 주어진 글 (A)에 이어질 내용을 순서에 맞게 배열한 것은?
① (B)-(D)-(C)　② (C)-(B)-(D)　③ (C)-(D)-(B)
④ (D)-(B)-(C)　⑤ (D)-(C)-(B)

44. 밑줄 친 (a)~(e) 중에서 가리키는 대상이 다른 것은?
① (a)　② (b)　③ (c)　④ (d)　⑤ (e)

45. 위 글의 Justin에 관한 내용과 일치하지 않는 것은?
① 부활절 달걀 찾기 행사에 처음으로 참가했다.
② 필자를 향해 손을 흔들었다.
③ 다른 아이들 뒤에 처져 있었다.
④ 주운 달걀을 필자에게 보여주지 않았다.
⑤ 다른 아이들이 지나쳐 간 달걀을 주웠다.

1지문 3문항은 대부분 지칭과 내용 일치, 불일치 문제로 구성

I once watched Grandfather looking at a bush. He stood for half an hour, silent and still. As I got closer, I could see he was looking at a sort of bird, but I could not tell what kind of bird it was. Just as I was about to ask him, a common robin flew from the bush. I asked Grandfather what he was looking at. Smiling, he replied, "A robin." I said, "But Grandfather, it's just a common robin. What's so interesting about a robin?" He said, "Just a robin?" Then, he drew a picture of a bird on the ground with a stick and, handing me the stick, he said, "Show me where all the black marks on a robin are located." I said, "I don't know." "Then," he continued, "each bird is as _____ as you and I. No single bird is the same as another. We can always learn something new every time we observe a robin. That is also true of everything else in life, every experience, every situation, every bird, tree, rock, water, and leaf. We can never know enough about anything. Finally," he continued, "you do not even begin to know an animal until you touch it, and feel its spirit. Then and only then can you ever begin to know."

• 학력평가 2014(3월)

Q 1. 위 글의 제목으로 가장 적절한 것은?

① Share Your Experiences with Other People

② Learn Something New from Everything

③ Touch Others with Kind Words

④ Be Happy Where You Are

⑤ Have a Positive Attitude

Q 2. 위 글의 빈칸에 들어갈 말로 가장 적절한 것은? [3점]

① hardworking   ② different   ③ friendly

④ active   ⑤ free

Step 2 문장 집중분석

정답 및 해설
34 장문 모든 것에서 새로운 무언가를 배울 수 있다.

문제를 먼저 읽어 어떤 유형이 제시되었는지 파악한다.
할아버지는 울새를 예로 들며, 모든 것으로부터 새로운 것을 배울 수 있다고 손자에게 말하고 있다.
전체적인 글의 이해를 통해 제목을 찾고, 빈칸에 해당되는 문장 앞뒤를 자세히 읽으며 문제를 푼다.

1

I once watched Grandfather looking at a bush. //
He stood for half an hour, / silent and still.

해석확인 . // 할아버지는 30분 동안 서 계셨다 / 말없이 가만히.

구문분석

지각동사

I once watched Grandfather looking at a bush. He stood for half an hour, silent and still.
　　　　　　　지각동사　　　목적어　　　목적보어(분사)　　　　　　　　　　분사구문(being 생략)

지각동사 watch는 목적어와 목적보어가 오는 5형식 동사로, 목적보어로는 동사원형이나 -ing가 온다.

2

As I got closer, / I could see / he was looking at a sort of bird, / but I could
not tell what kind of bird it was.

해석확인 / 나는 알 수 있었다 / 할아버지가 일종의 새를 보고 계신다는 것을 / 하지만 어떤 종류의 새인지는 알 수 없었다.

구문분석

get+ 비교급

As I got closer, I could see (that) he was looking at a sort of bird, but I could not tell what kind
부사절 get+비교급　　　　　　　접속사 생략
of bird it was.

〈get+비교급〉은 '더 ~하게 되다'라는 변화의 의미로, 접속사 as를 써서 그 변화를 더 확실히 나타낸다.

3

Just as I was about to ask him, / a common robin flew from the bush. //
I asked Grandfather what he was looking at.

해석확인 내가 막 할아버지에게 여쭤보려고 했을 때, / 흔한 울새가 덤불에서 날아갔다. // .

구문분석

간접 의문문

Just as I was about to ask him, a common robin flew from the bush. I asked Grandfather what
　　막 ~하려 하다
he was looking at.
　　간접의문문

간접의문문은 의문문이 문장에서 주어, 목적어, 보어 역할을 하는 것으로, 의문문의 주어, 동사의 어순이 바뀐다.
Can you tell me + Where are you going?

→ Can you tell me where you are going?

---

1 어느 날 나는 할아버지가 덤불을 보고 계신 것을 보았다. // 할아버지는 30분 동안 서 계셨다 / 말없이 가만히.
2 더 가까이 다가가는 동안에, / 나는 알 수 있었다 / 할아버지가 일종의 새를 보고 계신다는 것을 / 하지만 어떤 종류의 새인지는 알 수 없었다.
3 내가 막 할아버지에게 여쭤보려고 했을 때, / 흔한 울새가 덤불에서 날아갔다. // 나는 할아버지에게 무엇을 보고 계셨는지 여쭤보았다.

| 1. 제목 찾기 | 답② | | 2. 빈칸 추론 | 답② |

1. 제목 찾기   답②

주위의 모든 것을 통해 새로운 것을 배울 수 있다는 내용이므로, 글의 제목으로는 ②'모든 것으로부터 새로운 것을 배워라'가 가장 적절하다.
① 경험을 다른 사람과 나눠라
③ 친절한 말로 다른 사람을 감동시켜라
④ 지금 있는 곳에서 행복하라
⑤ 긍정적인 태도를 가져라

2. 빈칸 추론   답②

빈칸 뒤에 오는 모든 새가 같지 않다는 할아버지의 말로 보아, 빈칸에 들어갈 말로는 ②'서로 다른'이 가장 적절하다.
① 열심히 일하는   ③ 상냥한
④ 활동적인   ⑤ 자유로운

4

Smiling, / he replied, "A robin." // I said, "But Grandfather, it's just a common robin. // What's so interesting about a robin?"

해석확인   _____ "울새란다."라고 대답하셨다. // 나는 "하지만 할아버지, 그냥 흔한 울새잖아요. // 울새가 뭐가 그렇게 흥미로우세요?"라고 말했다.

구문분석

분사구문   Smiling, he replied, "A robin." I said, "But Grandfather, it's just a common robin.
분사구문(웃으며)

Smiling은 동시에 하는 일을 나타내는 동시동작의 분사구문이다.

5

He said, "Just a robin?" // Then, he drew a picture of a bird / on the ground with a stick / and, handing me the stick, / he said, "Show me where all the black marks on a robin are located."

해석확인   그는 "그냥 울새라고?"라고 말씀하셨다. // 그 다음, 그는 새 그림을 그리셨다 / 땅에 막대기로 / 그리고 _____, / "울새의 검은 반점이 있는 자리가 모두 어디인지 그려 봐라."라고 말씀하셨다.

구문분석

분사구문   and, handing me the stick, he said, "Show me where all the black marks on a robin are located."
분사구문   간접의문문

분사구문 handing me the stick은 '~하면서'라는 뜻의 동시동작을 나타내며, hand가 4형식 동사라서 간접목적어와 직접목적어가 왔다.

6

I said, "I don't know." // "Then," he continued, / "each bird is as different as you and I. // No single bird is the same as another.

해석확인   "잘 모르겠는데요."라고 나는 말했다. // "그러니까"라며 할아버지께서는 계속해서 말씀하셨다 / "_____. // 그 어떤 새도 다른 새와 같지 않아.

구문분석

동급비교   he continued, "each bird is as different as you and I. No single bird is the same as another.
동급비교   ~처럼

〈as+형용사/부사+as〉는 비교 대상과 동등함을 나타내는 동급비교이다.
He is **as tall as** Bob.
My hands are **as cold as** ice.

---

4 할아버지는 미소를 지으시면서 / "울새란다."라고 대답하셨다. // 나는 "하지만 할아버지, 그냥 흔한 울새잖아요. // 울새가 뭐가 그렇게 흥미로우세요?"라고 말했다.

5 그는 "그냥 울새라고?"라고 말씀하셨다. // 그 다음, 그는 새 그림을 그리셨다 / 땅에 막대기로 / 그리고 나에게 막대기를 건네주시면서, / "울새의 검은 반점이 있는 자리가 모두 어디인지 그려 봐라."라고 말씀하셨다.

6 "잘 모르겠는데요."라고 나는 말했다. // "그러니까"라며 할아버지께서는 계속해서 말씀하셨다 / "각각의 새는 너와 나처럼 서로 다르단다. // 그 어떤 새도 다른 새와 같지 않아.

7

We can always learn something new / every time we observe a robin. // That is also true of everything else in life, / every experience, every situation, every bird, tree, rock, water, and leaf.

해석확인 우리는 항상 새로운 것을 배울 수 있어 / _____. // 그건 삶의 다른 모든 것에도 사실이야 / 모든 경험, 모든 상황, 모든 새, 나무, 바위, 물, 나뭇잎에도.

구문분석

접속사

We can always learn something new every time we observe a robin.
　　　　　　　　　　　　-thing+형용사 어순　　　부사절 접속사(=whenever)

every time은 형태상 '매번, 가능하면 언제든지'라는 부사로 쓰이지만, 접속사로서 whenever처럼 '~할 때마다'라는 의미로도 쓰인다.

8

We can never know enough / about anything.

해석확인 _____ / 어떤 것에 대해서든.

구문분석

부정어

We can never know enough about anything.
　　　　　　결코 어떤 것도 아니다

부정어 not, never 다음에 any, anything이 오면 '전혀 ~아니다'라는 의미이다.

9

Finally," he continued, / "you do not even begin to know an animal / until you touch it, / and feel its spirit. // Then and only then can you ever begin to know."

해석확인 결국에는" 할아버지는 계속하셨다 / "너는 그 동물을 알기 시작조차 하지 못한다 / 동물을 만져보고 / 그 동물의 마음을 느끼기 전에는. // _____."

구문분석

도치

"you do not even begin to know an animal until you touch it, and feel its spirit. Then and only
　　　　not A until B(B해서야 A하다)　　　　　　　　　　　　　　　　　부사구+조동사+주어

then can you ever begin to know.

〈only+시간표현〉이 문장 앞으로 나오면서 주어, 동사가 도치되어 can you로 쓰였다.

---

7 우리는 항상 새로운 것을 배울 수 있어 / 울새를 볼 때마다. // 그건 삶의 다른 모든 것에도 사실이야 / 모든 경험, 모든 상황, 모든 새, 나무, 바위, 물, 나뭇잎에도.

8 우리는 충분히 알 수 없을 거야 / 어떤 것에 대해서든.

9 결국에는" 할아버지는 계속하셨다 / "너는 그 동물을 알기 시작조차 하지 못한다 / 동물을 만져보고 / 그 동물의 마음을 느끼기 전에. // 그런 다음 오직 그래야만 알기 시작할 수 있단다."

제한시간 **1분 20초** 에 문제를 풀고
Step 2에서 문장분석을 확인하세요.

Step 1 진짜 **수능** 문제 풀어보기

The anger that criticism causes can upset employees, family members and friends, and still not correct the situation which is a problem. George is the safety supervisor for an engineering company. One of his responsibilities is to see that employees wear their hard hats whenever they are on the job in the field. He reported that whenever he came across workers who were not wearing hard hats, he would tell them in a firm voice that they must follow the rules. As a result, the workers would do as he said, but right after he left, the workers would remove the hats. He decided to try a different approach. The next time he found some of the workers not wearing their hard hats, he asked if the hats were uncomfortable or did not fit properly. Then he reminded the men in a pleasant tone of voice that the hat was designed to protect them from injury. The result was increased _____ of the regulation with no resentment or anger. They began to wear hats more often.

● 학력평가 2014(6월)

Q 1. 위 글의 제목으로 가장 적절한 것은?

① How to Change Employee Behavior

② Why Should Workers Follow the Rules?

③ Learn How to Talk to Your Supervisors

④ Never Complain about Your Company's Policy

⑤ The More Listening, the Better Understanding

Q 2. 위 글의 빈칸에 들어갈 말로 가장 적절한 것은? [3점]

① acceptance   ② denial   ③ revisions

④ announcement   ⑤ doubts

Step 2 문장 집중분석

35 장문 행동을 변화시키는 효과적인 방법

전체적인 이해에 초점을 두고 주제를 파악해야 한다. 안전 감독관이 안전모를 쓰도록 하기 위해 처음에는 근로자들에게 규칙을 지키라고 단호하게 말했지만 별로 효과가 없었다. 대신 온화한 접근 방식으로 직원들의 참여를 유도한 예를 들며 비판이 행동 변화에 부정적이라는 말을 하고 있다.

1

The anger that criticism causes / can upset employees, family members and friends, / and still not correct the situation which is a problem.

해석확인 비판이 일으키는 분노는 / 종업원, 가족 구성원, 친구들을 화나게 만들 수 있고, /

구문분석

관계 대명사

The anger that criticism causes can upset employees, family members and friends, and still
　　　　　　　└───┘ 관계대명사

not correct the situation which is a problem.
　　　　　　　　　　　　└───┘ 관계대명사

that, which가 포함된 문장이 앞의 명사를 수식하는 관계대명사인지 아닌지는 that, which를 포함한 문장이 불완전하면 관계사 문장이고 아니면 명사절로 보면 된다.

the anger that criticism causes (목적어가 없는 불완전한 문장)	the situation which is a problem (주어가 없는 불완전한 문장)

2

George is the safety supervisor / for an engineering company.

해석확인 George는 안전 관리자이다 /

구문분석

전치사 for

George is the safety supervisor for an engineering company.
　　　　　　　　　　　　　　　 for+회사명/직업 (～에서)

전치사 for는 대개 회사명, 직업 등과 함께 쓰여 '(고용되어) ～을 위해, ～에서'라는 의미로 쓰인다.

3

One of his responsibilities is to see / that employees wear their hard hats / whenever they are on the job in the field.

해석확인 그의 임무 중 하나는 확인하는 것이다 / 근로자들이 안전모를 쓰는지 /

구문분석

복합 관계사

One of his responsibilities is to see that employees wear their hard hats whenever they are on
the job in the field.　　　　 주어 One에 수일치　　　　　　　　　　 복합관계사(～할 때마다)

이 문장의 주어는 responsibilities가 아니라 One이기 때문에 단수형에 맞게 수일치하여 is로 썼다. 그리고 whenever은 〈관계부사+ever〉 형태의 복합관계사로, '～할 때마다'라는 의미로 쓰인다.

whatever ～하는 것은 뭐든	whoever ～하는 누구나	whenever ～할 때마다	wherever ～하는 어디라도

---

1 비판이 일으키는 분노는 / 종업원, 가족 구성원, 친구들을 화나게 만들 수 있고, / 문제가 되는 그 상황을 여전히 바로잡지 못할 수도 있다.
2 George는 안전 관리자이다 / 엔지니어링 회사에서.
3 그의 임무 중 하나는 확인하는 것이다 / 근로자들이 안전모를 쓰는지 / 그들이 현장에서 작업을 할 때마다.

1. 제목 찾기 답①

비판보다 호의적인 접근법이 행동을 변화시키는 데 더 효과적이라는 내용
이므로 ①'직원의 행동을 변화시키는 방법'이 제목으로 가장 적절하다.
② 왜 근로자들은 규칙을 따라야 하는가?
③ 당신의 상사에게 말하는 방법을 배워라
④ 당신 회사의 정책에 대해 절대로 불평하지 마라
⑤ 더 많이 귀를 기울이면 더 잘 이해하게 된다

2. 빈칸 추론 답①

마지막 문장에서 근로자들이 더 자주 안전모를 쓰게 되었다고 했다. 그것
은 근로자들이 안전모를 착용하는 규정을 받아들인 것이므로 빈칸에는 ①
'수용'이 들어간다.
② 부인   ③ 개정   ④ 발표   ⑤ 의심

4

He reported / that whenever he came across workers / who were not wearing hard hats, / he would tell them in a firm voice / that they must follow the rules.

해석확인 그는 보고했다 / 그는 작업자들을 만날 때마다 / 안전모를 쓰고 있지 않은 / ▓▓▓▓▓ ▓▓▓▓▓ / 규정을 따라야 한다고.

구문분석

과거의 습관

He reported that whenever he came across workers who were not wearing hard hats, he would
관계대명사   과거 습관
tell them in a firm voice that they must follow the rules.

would는 '~하곤 했다'라는 과거의 습관을 나타내는 것으로 used to와 같다. 다만 used to는 상태에도 쓸 수 있다.

과거의 행동	과거의 상태
When I was young, I **would/used to** go skiing.	I **would/used to** be slim.

5

As a result, / the workers would do / as he said, / but right after he left, / the workers would remove the hats.

해석확인 그 결과 / ▓▓▓▓▓▓▓ / 그가 말한 대로 / 하지만 그가 떠난 직후 / 작업자들은 안전모를 벗곤 했다.

구문분석

대동사 do

As a result, the workers would do as he said, but right after he left, the workers would remove
대동사 접속사 as(~한 대로)
the hats.

일반적으로 do는 '하다'라는 뜻의 동사지만 이 문장에서처럼 앞의 동사구 follow the rules를 대신하는 대동사로도 쓸 수 있다.

6

He decided / to try a different approach.

해석확인 그는 결심했다 / ▓▓▓▓▓▓▓.

구문분석

to부정사

He decided to try a different approach.
to부정사(명사적 용법)

to부정사가 명사처럼 목적어의 역할을 하는 명사적 용법으로, '~하는 것, ~하기'로 해석한다.

---

4 그는 보고했다 / 그는 작업자들을 만날 때마다 / 안전모를 쓰고 있지 않은 / 그는 단호한 목소리로 그들에게 말하곤 했다고 / 규정을 따라야 한
  다는 점을.
5 그 결과 / 작업자들은 했다 / 그가 말한 대로, / 하지만 그가 떠난 직후 / 작업자들은 안전모를 벗곤 했다.
6 그는 결심했다 / 다른 접근법을 시도하기로.

유형 분석 및 선택률 확인 35-1

첫 문장이 개괄적인 내용을 담고 있다면 뒤에 나오는 구체적인 예를 통해 명확한 주제를 파악하여 제목을 고른다.

정답률	문항별 선택률				
51%	① 51%	② 15%	③ 12%	④ 9%	⑤ 13%

유형 분석 및 선택률 확인 35-2

빈칸이 있는 마지막 문장이 결론 또는 주제문일 가능성이 크기 때문에 전체 내용에 비추어 답을 고른다.

정답률	문항별 선택률				
50%	① 50%	② 9%	③ 16%	④ 15%	⑤ 10%

7

The next time / he found some of the workers / not wearing their hard hats, / he asked if the hats were uncomfortable / or did not fit properly.

해석확인
그 이후에 / 그가 작업자들 중 몇 명을 발견했을 때 / 안전모를 쓰고 있지 않은 것을, / ▨▨▨▨▨▨ / 혹은 잘 안 맞는지를.

구문분석

if 명사절

The next time he found some of the workers not wearing their hard hats, he asked if the hats
　　　　　　지각동사　　　　목적어　　　　　　목적보어　　　　　　　　　명사절
were uncomfortable or did not fit properly.

if절은 대개 조건을 나타내는 부사절로 쓰이지만 여기에서는 동사 ask의 목적어 역할을 하기 때문에 '~인지 아닌지'로 해석해야 한다.

8

Then he reminded the men / in a pleasant tone of voice / that the hat was designed / to protect them from injury.

해석확인
그리고 나서 그는 그 사람들에게 상기시켰다 / 듣기 좋은 어조로 / ▨▨▨▨▨▨▨▨ / 부상으로부터 그들을 보호할 수 있도록.

구문분석

수여동사

Then he reminded the men in a pleasant tone of voice that the hat was designed to protect
　　　수여동사　간접목적어　　　　　　　　　　　　　　직접목적어
them from injury.

동사 remind는 다른 수여동사와 동일하게 두 개의 목적어가 올 수 있다.

9

The result was increased acceptance of the regulation / with no resentment or anger. // They began to wear hats / more often.

해석확인
▨▨▨▨▨▨▨▨▨▨ / 분개하거나 화내지 않고. // 그들은 안전모를 쓰기 시작했다 / 더욱 자주.

구문분석

분사

The result was increased acceptance of the regulation with no resentment or anger.
　　　　　　　분사

increased는 동사가 아니라 뒤에 나오는 명사를 수식하는 분사로, '증가된'이라는 수동의 의미를 나타내는 과거분사 형태로 쓰고 있다.

7 그 이후에 / 그가 작업자들 중 몇 명을 발견했을 때 / 안전모를 쓰고 있지 않은 것을, / 그는 안전모가 불편한지 물어 보았다 / 혹은 잘 안 맞는지를.
8 그리고 나서 그는 그 사람들에게 상기시켰다 / 듣기 좋은 어조로 / 안전모는 설계되었음을 / 부상으로부터 그들을 보호할 수 있도록.
9 결과는 규정에 대한 증가된 수용이었다 / 분개하거나 화내지 않고. // 그들은 안전모를 쓰기 시작했다 / 더욱 자주.

Step 1 진짜 **수능** 문제 풀어보기

Dr. Robert Provine, who wrote an article on laughter, believes humans laugh primarily because it serves as a kind of "social glue" that keeps people connected to one another. We laugh with others because it makes us feel a bond with them and that bond in turn gives us a sense of trust and comfort. No matter how hard we try, we are unable to make ourselves laugh. Consequently, when we laugh, others can be certain that it is an honest reaction, and honesty is key when building and maintaining friendships.

Since laughter is seen as a social cue that we send to others, it can also help explain why it spreads to others. Studies have proven that when people see or hear something funny, they are 30 times more likely to laugh when they are with others than when they are alone. Wanting to be accepted by others is part of human nature. Nobody wants to feel left out, and _____ is a way to signal to others that you feel the way they do, which makes us feel more bonded to one another. The brain realized this a long time ago, and group laughter has occurred ever since.　　　　　● 학력평가 2012(9월)

Q **1. 위 글의 제목으로 가장 적절한 것은?**

① He Who Laughs Last Laughs Best

② Honest Laughter vs. False Laughter

③ Making Others Laugh Leads to Popularity

④ Friends Who Laugh Together Stay Together

⑤ The More You Laugh, the Younger You Will Be

Q **2. 위 글의 빈칸에 들어갈 말로 가장 적절한 것은? [3점]**

① telling funny jokes　　　　　② mirroring others' laughter

③ holding back your laughter　　④ listening to others' opinions

⑤ making eye contact while talking

36 장문 사회적 유대감을 느끼게 하는 웃음

핵심 문장을 통해 주제를 파악한다.
이 글은 첫 문장에 저명한 이의 말을 인용하여 핵심 내용, 곧 주제를 드러내고 있다. 필자는 사회적 접착제인 웃음이 서로 유대감을 느끼게 하는 중요한 도구이며 결속감을 다지게 한다고 말하고 있다.

1

> Dr. Robert Provine, who wrote an article on laughter, / believes / humans laugh primarily / because it serves as a kind of "social glue" / that keeps people connected to one another.

해석확인 웃음에 대한 기사를 쓴 Robert Provine 박사는 / 믿는다 / ▨▨▨▨▨▨ / 웃음이 일종의 '사회적 접착제(사회적 유대)'로서 역할을 하기 때문에 / 사람들을 서로서로 연관시켜주는.

구문분석

접속사

Dr. Robert Provine, <u>who wrote an article on laughter</u>, believes **[(that) humans laugh primarily** 〉명사절

because it <u>serves as a kind of</u> "social glue" <u>that keeps people connected to one another</u>].
　　　　　　~로서 역할을 하다

동사 believe의 목적어 역할을 하는 that절에서 that은 생략이 가능하다. 그리고 that절 안에 부사절 접속사 because가 포함되어 있다.

2

> We laugh with others / because it makes us feel a bond with them / and that bond in turn gives us a sense of trust and comfort.

해석확인 우리는 다른 사람들과 함께 웃는다 / 웃음이 그들과 결속감을 느끼도록 해 주고, / ▨▨▨▨▨▨▨▨▨▨▨▨▨▨▨▨.

구문분석

동사의 특징

We laugh with others because it <u>makes</u> <u>us</u> <u>feel a bond with them</u> and that bond in turn <u>gives</u> <u>us</u>
　　　　　　　　　　　　　　　동사　목적어　목적보어(5형식)　　　　　　　　　동사　간·목
<u>a sense of trust and comfort</u>.
직접목적어(4형식)

동사 make는 사역동사로 목적어, 목적보어를 갖는 5형식이고, and로 연결된 뒷문장은 수여동사 give를 쓴 4형식 문장으로 되어 있다.

3

> No matter how hard we try, / we are unable to make ourselves laugh.

해석확인 ▨▨▨▨▨▨▨▨▨▨ / 우리는 스스로를 웃길 수 없다.

구문분석

양보절

No matter how hard we try, we are unable to make ourselves laugh.
아무리 ~해도

No matter how는 양보절을 이끄는 접속사로, however와 같은 의미인 '아무리 ~해도, ~일지라도'라는 뜻이다.

no matter how 아무리 ~하더라도	no matter who 누가 ~하더라도
no matter what 어떤 일이 ~하더라도	no matter where 어디에서 ~하더라도

---

1 웃음에 대한 기사를 쓴 Robert Provine 박사는 / 믿는다 / 사람들이 주로 웃는다고 / 웃음이 일종의 '사회적 접착제(사회적 유대)'로서 역할을 하기 때문에 / 사람들을 서로서로 연결시켜주는.
2 우리는 다른 사람들과 함께 웃는다 / 웃음이 그들과 결속감을 느끼도록 해 주고, / 그 결속감이 결국 우리에게 신뢰감과 편안함을 주기 때문에.
3 아무리 우리가 노력할지라도 / 우리는 스스로를 웃길 수 없다.

1. 제목 찾기　　　　　　　　　　답 ④

사회적 유대감과 결속감이 편안함과 신뢰감을 준다는 내용이므로 ④'함께 웃는 친구가 함께 한다'가 제목으로 가장 적절하다.
① 최후에 웃는 자가 진정한 승자다
② 정직하게 웃는 사람 대 거짓으로 웃는 사람
③ 다른 사람들을 웃게 만드는 것이 인기로 이어진다
⑤ 많이 웃으면 웃을수록 더 젊어진다

2. 빈칸 추론　　　　　　　　　　답 ②

빈칸 앞부분에서 다른 사람들과 있을 때 30배 더 웃게 되며, 다른 사람들에게 인정받으려 하는 본성을 가지고 있다는 내용이 나오므로 빈칸에는 ② '다른 사람들과 똑같이 웃는 것'이 어울린다.
① 재미있는 농담을 하는 것　　　③ 웃음을 참는 것
④ 다른 사람들의 의견을 듣는 것　⑤ 말하는 동안 눈을 맞추는 것

4

Consequently, / when we laugh, / others can be certain / that it is an honest reaction, / and honesty is key / when building and maintaining friendships.

해석확인 결과적으로 / 우리가 웃을 때 / 다른 사람들은 확신할 수 있다 / 그 웃음이 정직한 반응이라는 것을 / 그리고 정직함은 필수적이다 / ▩▩▩▩▩▩▩▩.

구문분석

분사구문

Consequently, when we laugh, others can be certain that it is an honest reaction, and honesty is key when building and maintaining friendships.
　　　　　　　　　　접속사+-ing

분사구문의 의미를 더 분명하게 하기 위해 접속사를 써서 나타낸다.

| Because studying hard, I had a good grade. (열심히 공부해서 성적이 좋았다.) | Though studying hard, I had a poor grade. (열심히 공부했지만 성적이 좋지 않았다.) |

5

Since laughter is seen as a social cue / that we send to others, / it can also help explain / why it spreads to others.

해석확인 ▩▩▩▩▩▩▩▩▩ / 우리가 다른 사람들에게 보내는 / 설명하는 데 도움을 줄 수도 있다 / 웃음이 왜 다른 사람들에게 퍼져나가는지를.

구문분석

접속사

Since laughter is seen as a social cue that we send to others, it can also help explain why it
이유의 접속사　　　　　　　　　　　　　　　　　　　　　　　　　간접의문문
spreads to others.

since가 접속사로 쓰이면 이유(~때문에)나 기간(~한 이후로)의 두 가지 의미를 갖는다. 이 문장에서는 '웃음은 사회적 신호이기 때문이다'라는 이유의 의미로 해석한다.

6

Studies have proven / that when people see or hear something funny, / they are 30 times more likely to laugh / when they are with others / than when they are alone.

해석확인 연구는 증명해 왔다 / 사람들이 재미있는 것을 보거나 들을 때 / ▩▩▩▩▩▩ / 함께 있을 때 / 혼자 있을 때보다.

구문분석

비교급

Studies have proven that when people see or hear something funny, they are 30 times more likely to laugh when they are with others than when they are alone.
　　　　　　　　　　　　　　　　　　　　　　　　　　　　　　　　　배수사
비교급(더 웃을 가능성이 있는)　　　　　　　　　　비교 대상

〈more ~ than〉의 비교급으로, 비교 대상이 when절이라는 것이 특이한 점이다.

---

4 결과적으로 / 우리가 웃을 때 / 다른 사람들은 확신할 수 있다 / 그 웃음이 정직한 반응이라는 것을 / 그리고 정직함은 필수적이다 / 우정을 쌓고 유지할 때.
5 웃음은 사회적 신호이기 때문에 / 우리가 다른 사람들에게 보내는 / 설명하는 데 도움을 줄 수도 있다 / 웃음이 왜 다른 사람들에게 퍼져나가는지를.
6 연구는 증명해 왔다 / 사람들이 재미있는 것을 보거나 들을 때 / 웃을 가능성이 30배 이상 더 높다는 것을 / 함께 있을 때 / 혼자 있을 때보다.

유형 분석 및 선택률 확인 36-1

저명한 사람의 말을 인용한 내용이 바로 글의 핵심으로, 이를 통해 필자가 말하고자 하는 바를 파악하여 제목을 고른다.

정답률	문항별 선택률				
50%	① 11%	② 10%	③ 20%	④ 50%	⑤ 9%

유형 분석 및 선택률 확인 36-2

장문 유형에서의 빈칸은 글의 주제를 뒷받침하는 내용이므로 빈칸 앞뒤의 내용을 잘 읽고 정확한 내용을 고른다.

정답률	문항별 선택률				
45%	① 15%	② 45%	③ 18%	④ 11%	⑤ 11%

7

Wanting to be accepted by others / is part of human nature.

해석확인　　　　　　　　　　　　　　　 / 인간 본성의 부분이다.

구문분석

동명사

Wanting to be accepted by others is part of human nature.
　　　　　동명사 주어

동명사구가 이 문장의 주어이며, 동명사 wanting의 목적어인 to부정사가 수동으로 쓰여 '다른 사람들에게 받아들여지기 원하는 것'이라고 해석한다.

8

Nobody wants to feel left out, / and mirroring others' laughter / is a way to signal to others / that you feel the way they do, / which makes us feel more bonded to one another.

해석확인 아무도 소외감을 느끼기를 원하지 않는다 / 그리고 다른 사람들과 똑같이 웃는 것은 /　　　　　　　　　　　　 /　　　　　　　　　 / 그들이 하는 방식대로 당신도 느낀다는 것을 / 그리고 서로서로 더 결속감을 느끼게 하도록 만들어 준다.

구문분석

to부정사

mirroring others' laughter is a way [to signal to others that you feel the way they do], which
　　동명사 주어　　　　　　　　　　　　　　　　　　　　　　　명사절　　　　　　=and it
makes us feel more bonded to one another.

[to signal ~]은 앞의 명사 way를 수식하는 형용사적 용법의 to부정사이다.

9

The brain realized this a long time ago, / and group laughter has occurred ever since.

해석확인　　　　　　　　　　　　　　　, / 함께 웃는 것이 그 때 이후로 발생하였다.

구문분석

시제

The brain realized this a long time ago, and group laughter has occurred ever since.
　　　　　　　　　과거를　　　　　　　　　　　　　　　　　　　현재완료를
　　　　　　　　　나타내는 부사　　　　　　　　　　　　　　　　나타내는 부사

과거 시제는 이미 끝나 버려서 현재는 하지 않는 일로 ago, yesterday, last 등과 같이 쓰며, 과거의 일이 현재까지 지속되거나 영향을 미치는 경우에는 현재완료 시제를 쓴다.

---

7 다른 사람들에 의해 받아들여지기를 원하는 것은 / 인간 본성의 부분이다.
8 아무도 소외감을 느끼기를 원하지 않는다 / 그리고 다른 사람들과 똑같이 웃는 것은 / 다른 사람들에게 신호를 보내는 방법이다 / 그들이 하는 방식대로 당신도 느낀다고 / 그리고 그것은 서로서로 더 결속감을 느끼게 하도록 만들어 준다.
9 뇌는 오래전에 이러한 것을 깨달았고, / 함께 웃는 것이 그 때 이후로 발생하였다.